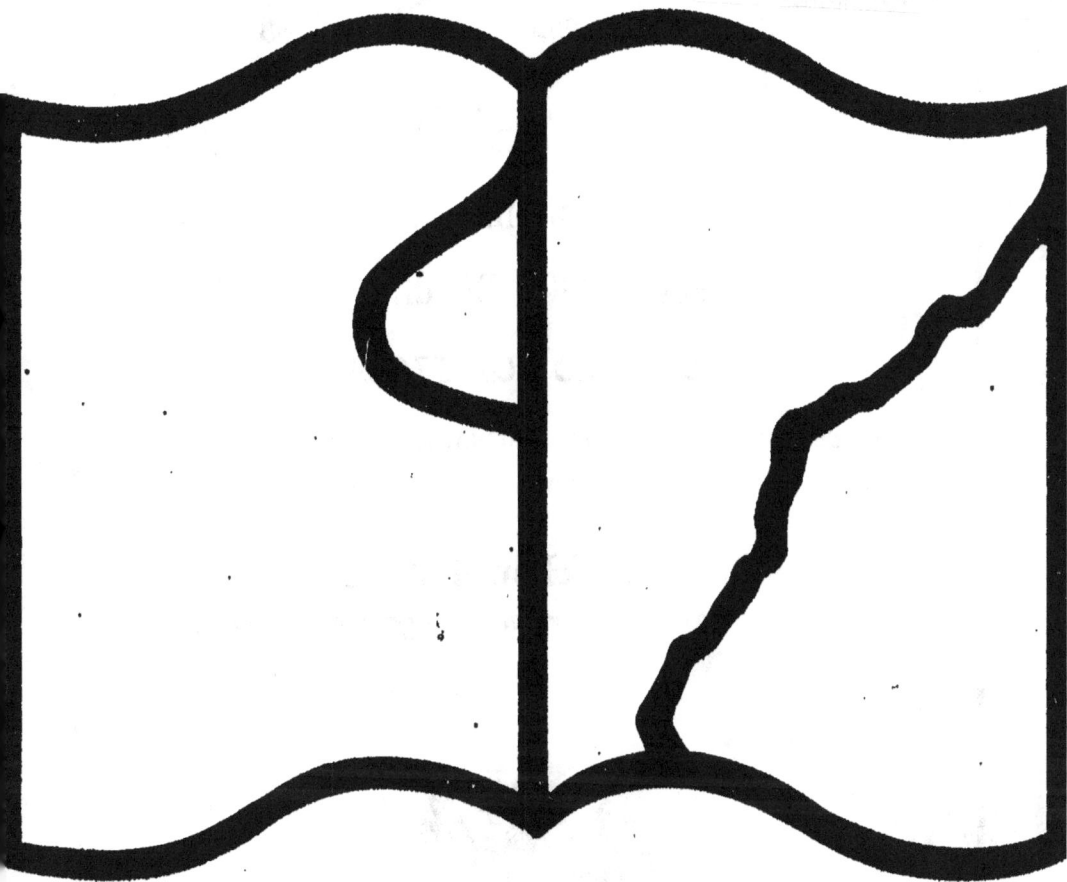

Texte détérioré — reliure défectueuse

NF Z 43-120-11

Symbole applicable
pour tout,ou partie
des documents microfilmés

NOTIONS ÉLÉMENTAIRES

DE PSYCHOLOGIE

SUIVIES

DE L'APPLICATION DE CES NOTIONS

A L'ÉDUCATION

RÉDIGÉES CONFORMÉMENT AU PROGRAMME DE PREMIÈRE ANNÉE
DES ÉCOLES NORMALES PRIMAIRES

Par M. Henri JOLY

DOYEN HONORAIRE DE LA FACULTÉ DES LETTRES DE DIJON.

PARIS

IMPRIMERIE ET LIBRAIRIE CLASSIQUES

MAISON JULES DELALAIN ET FILS

DELALAIN FRÈRES, Successeurs

56, RUE DES ÉCOLES.

NOTIONS DE PSYCHOLOGIE.

APPLICATION A L'ÉDUCATION.

Études biographiques et critiques sur les textes d'explication du Brevet supérieur (*arrêté du 22 juillet* 1890), par *MM. Tarsot et Charlot;* in-12, cart. » f.

Éléments de Morale, par *H. Joly;* in-12, br. 2 f. 50 c.

Notions de Pédagogie, suivies d'un Résumé historique et d'une Bibliographie, par *H. Joly;* in-12, br. 3 f.

Grammaire de la Langue française, par *MM. Clément;* in-12, cart. 3 f. 25 c.

Littérature, Composition et Style, par *W. et Ch. Rinn;* in-12, cart. 4 f.

Histoire abrégée de la Langue et de la Littérature françaises, par *Aug. Noël;* in-12, br. 3 f. 50 c.

Notions sur les Origines et l'Histoire de la Langue française, par *Petit de Julleville,* br. 2 f. 50 c.

Histoire de France, par *A. Choublier;* in-12, br. 4 f.

Histoire Contemporaine, par *E. Maréchal;* 2 vol. in-12, cart. 8 f.

Éléments d'Histoire générale (Histoire ancienne, du Moyen Age, des Temps modernes jusqu'en 1610), par *C. Pouthas;* 1 fort vol. in-12, cart. 4 f.

Éléments d'Histoire générale (Histoire moderne depuis 1610, Histoire contemporaine), par *C. Pouthas;* in-12, cart. 5 f.

Géographie de la France, par *Sanis;* in-12, cart. 2 f. 50 c.

Géographie générale, par *A. Gasquet;* in-12, cart. 5 f.

Arithmétique, par *Reynaud;* in-12, cart. 3 f.

Algèbre, par *E. Lebon;* in-12, cart. 3 f.

Géométrie appliquée, par *E. Lebon;* in-12, cart. 3 f. 50 c.

Géométrie élémentaire (1re et 2e Années des Écoles normales), par *E. Lebon;* in-12, cart. 4 f. 50 c.

Physique et Chimie (Garçons, 1re année), par *E. Bouant;* in-12, cart. 3 f.

Physique et Chimie (Garçons, 2e volume), par *E. Bouant;* in-12, cart. 4 f.

Physique et Chimie (Garçons, 3e volume), par *E. Bouant;* in-12, cart. 4 f.

Physique et Chimie (Filles, 2e Année des Écoles normales), par *E. Bouant;* in-12, cart. 3 f.

Physique et Chimie (Filles, 3e Année des Écoles normales), par *E. Bouant;* in-12, cart. 4 f.

Physique (Cours complet), par *J. Langlebert;* in-12, br. 4 f.

Chimie (Cours complet), par *J. Langlebert;* in-12, br. 4 f.

Éléments de Botanique et Géologie, par *J. Langlebert;* in-12, br. 3 f. — rel. toile, 3 f. 25 c.

Éléments de Zoologie, par *J. Langlebert;* in-12, br. 2 f. — rel. toile, 2 f. 25 c.

Histoire Naturelle, Anatomie et Physiologie, Botanique, Géologie, par *J. Langlebert;* in-12, br. 4 f.

Leçons d'Hygiène, par *H. George:* in-12, br. 2 f.

Manuel de Gymnastique, par *Le Guénec;* in-12, br. 3 f. 50 c.

NOTIONS ÉLÉMENTAIRES

DE PSYCHOLOGIE

SUIVIES

DE L'APPLICATION DE CES NOTIONS

A L'ÉDUCATION

RÉDIGÉES CONFORMÉMENT AU PROGRAMME DE PREMIÈRE ANNÉE
DES ÉCOLES NORMALES PRIMAIRES

Par M. Henri JOLY

DOYEN HONORAIRE DE LA FACULTÉ DES LETTRES DE DIJON,

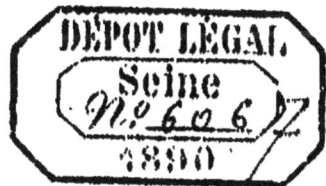

PARIS

IMPRIMERIE ET LIBRAIRIE CLASSIQUES

MAISON JULES DELALAIN ET FILS

DELALAIN FRÈRES, Successeurs

56, RUE DES ÉCOLES.

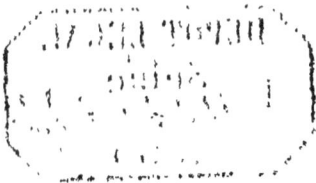

AVERTISSEMENT

J'ai publié, il y a quelques années, des *Notions de Pédagogie*. Je traitais alors des principes de la science de l'éducation, en général, et j'abordais plus d'une question relative à l'enseignement secondaire. Le travail que j'offre aujourd'hui est destiné plus spécialement aux maîtres de l'enseignement primaire. C'est dire qu'il se rapproche souvent, mais souvent aussi se distingue du précédent. Je me suis efforcé de ne rien dire d'inutile et d'inapplicable pour les lecteurs auxquels je m'adresse. Mais je n'ai point voulu, d'autre part, trop accuser les différences qu'on peut croire encore imposées par la diversité, sinon par l'inégalité, des milieux. L'idéal de l'éducation est d'atténuer ces différences en tout ce qui touche au fond même de l'homme, mais de munir chacun du mode d'instruction et de connaissances qui lui sera vraisemblablement nécessaire dans la division obligée du travail social.

H. J.

PROGRAMME DES ÉCOLES NORMALES PRIMAIRES
Première Année.

NOTIONS ÉLÉMENTAIRES DE PSYCHOLOGIE APPLIQUÉES A L'ÉDUCATION.

Notions élémentaires de Psychologie.

Objet de la psychologie. Ses rapports avec la pédagogie et avec la morale. — Description générale des facultés humaines, 1-7.

L'activité physique. — Les mouvements, les instincts, les habitudes corporelles, 7-14.

La sensibilité. — Le plaisir et la douleur. Sensibilité physique : les besoins et les appétits, 14-21. Sensibilité morale : sentiment de famille ; sentiments sociaux et patriotiques ; sentiment du vrai, du beau et du bien ; sentiment religieux. — La passion, 45-51.

L'intelligence. — La conscience ; les sens ; perceptions naturelles et perceptions acquises, 21-27. — La mémoire et l'imagination, 28-32. — L'attention ; l'abstraction et la généralisation ; le jugement et le raisonnement, 33-41. — Les principes de la raison, 41-45.

La volonté. — La liberté ; l'habitude, 51-60.

Conclusions de la psychologie. — Dualité de la nature humaine. L'esprit et le corps ; la vie animale et la vie intellectuelle et morale, 60-68.

Applications des Notions de Psychologie à l'Éducation.

Éducation physique. — Hygiène générale ; jeux et exercices de l'enfant ; gymnastique, 69-84.

Éducation intellectuelle. — Développement des facultés intellectuelles aux différents âges ; leur application aux divers ordres de connaissances, 84-94. — Éducation des sens : petits exercices d'observation, 94-100. — Rôle et culture de la mémoire et de l'imagination ; du jugement et du raisonnement, 100-123. — La méthode ; ses différents procédés : induction et déduction, 123-126.

Méthodes d'enseignement. Étude particulière des procédés applicables à chacune des parties du programme, 127-144.

Éducation morale. — Diversité naturelle des instincts et des caractères, modification des caractères et formation des habitudes. Culture de la sensibilité dans l'enfant. Éducation de la volonté. La discipline ; les récompenses et les punitions ; l'émulation, 145-179.

NOTIONS ÉLÉMENTAIRES
DE PSYCHOLOGIE

━━━━◆━━━━

I.

Idée générale de la psychologie appliquée à la morale et à la pédagogie; description expérimentale des facultés humaines.

La *psychologie* est la science de l'âme humaine. L'homme ne peut avoir moins d'intérêt à connaître son âme qu'à connaître son corps, à connaître ce par quoi il pense, juge, raisonne, se souvient, aime, désire, espère, veut, qu'à connaître ce par quoi il se nourrit, respire, digère et occupe une certaine place dans l'espace.

L'homme étudie son corps, pour deux raisons: d'abord pour connaître une partie importante de lui-même, et satisfaire sa propre curiosité; puis pour appliquer les résultats de cette étude à l'art d'élever, de développer, de soigner et de guérir le corps humain.

Il ne faut pas croire, en effet, que la *nature*, comme on le répète si souvent, réussisse partout à aller d'elle-même à son bien, à le retrouver si elle l'a perdu, à se développer enfin, en en jouissant librement, par un abandon complet à toutes ses fantaisies et à toutes les impulsions qu'elle reçoit. Lorsque de la matière inorganique on passe à la vie, ce qu'on appelle la *nature* apparaît comme quelque chose d'instable et de fragile : car la vie se caractérise par un développement qui parcourt un certain nombre de phases, à travers un milieu variable, présentant lui-même des conditions d'existence très différentes les unes des autres, auxquelles il s'agit de s'accommoder.

Quels ne sont pas, dans notre espèce, les dangers courus par l'enfance, par le passage de l'adolescence à l'âge mûr, par les épreuves de la maternité dans le sexe féminin! Ainsi donc, le corps vivant doit traverser des phases et subir, comme on dit, une évolution, dont le succès est subordonné très souvent à des circonstances qui ne dépendent pas de lui. Mais il y a plus : le corps vivant, qui est complexe, doit encore maintenir entre les organes divers qui le composent un accord, une harmonie, que les exigences de l'un ou de l'autre viennent quelquefois troubler; il doit aussi remplacer les parties de lui-même qui se perdent et qui s'usent, par des parties nouvelles s'adaptant exactement aux organes qu'elles réparent, et permettant la continuité des fonctions que ces organes sont chargés d'accomplir. Les animaux proprement dits se passent de science pour vivre, sans aucun doute; mais chacun d'eux est doué d'un instinct tout spécial, qui répond exactement aux besoins spéciaux, aux aptitudes limitées de son organisme. Il faut, de plus, ajouter que le nombre des animaux qui naissent est incalculable, et que le nombre de ceux qui vivent n'est rien à côté du nombre de ceux qui meurent; il faut observer, enfin, que, lorsqu'une espèce animale se trouve mal armée contre les nécessités de son milieu, mal adaptée aux conditions d'existence qui s'offrent à elle, une espèce voisine est toujours prête à la supplanter ou à se développer à ses dépens.

Mais nous ne sommes pas de simples animaux. Nous renoncerions aux ressources de l'intelligence, que cette abdication ne nous donnerait aucune des ressources de l'instinct propre à la bête. Les sauvages, qui vivent dans cette situation intermédiaire, sont décimés par toutes sortes de maladies et affligés par des misères de toute nature.

Pour que le corps de l'homme résiste aux causes d'affaiblissement et de destruction qui l'environnent, pour que la race humaine subsiste et se développe, comme elle le fait, à la surface de la terre, il faut que l'intelligence qui anime ce corps en connaisse à la fois les besoins et les ressources; il faut qu'il connaisse les conditions d'existence qui lui sont créées par le milieu, qu'il connaisse, enfin, les moyens dont il dispose, soit pour s'adapter à ces conditions, soit surtout pour les modifier.

1.

Voilà pourquoi l'homme a besoin de connaître exactement son propre corps, pour le défendre, le développer régulièrement, et, quand il est malade, le guérir.

Le besoin que l'homme a de connaître son âme n'est pas moins impérieux.

Tout homme est chargé d'une double tâche. Premièrement, il doit se conduire lui-même : ceci veut dire qu'il doit mettre de l'ordre dans ses désirs, dans ses volontés, dans ses habitudes; ne pas céder indistinctement à la première idée qui s'offre à lui; ne pas contenter tous ses caprices; développer chacune de ses facultés d'après leur ordre d'excellence; demander à chacune d'elles tout ce qu'elle peut lui donner, mais pas plus; établir entre elles toutes une harmonie, un accord, une paix, active et féconde, ce qui exige beaucoup d'attention, beaucoup de persévérance et de fermeté; ceci veut dire, de plus, qu'il doit tenir compte des rapports qui l'unissent aux autres êtres de la nature, à ses concitoyens, à ses parents, à ses supérieurs, à ses inférieurs, à ses égaux; qu'il doit connaître le champ que la nature extérieure offre à son activité; qu'il doit connaître encore quel sera le terme, quelle est la fin de son existence, si cette fin est toute dans la nature, ou dans la patrie, ou dans l'humanité présente, ou dans une existence supérieure destinée à se développer de plus en plus par l'immortalité, près d'un Dieu tout-puissant et bon. Telles sont, en effet, toutes les questions qu'agite la *morale*, qui est la science du gouvernement de la vie humaine ou de la conduite de l'homme.

Mais tout homme a généralement une autre tâche, qui consiste à élever, et, pendant un certain temps au moins, à conduire les enfants qu'il a mis au monde, ou ceux qu'on lui a confiés : c'est là le travail de l'éducation, dont les règles (destinées à être appliquées constamment par les hommes plus spécialement chargés d'élever et d'instruire les enfants) sont données par la *pédagogie*.

Or, il est aisé de voir que la *pédagogie* et la *morale* supposent l'une et l'autre une connaissance étendue et exacte de l'âme humaine.

Pour nous conduire nous-mêmes, il faut connaître quelle est, d'après l'ensemble de notre nature, notre loi; quels sont les moyens, quels sont les obstacles que, pour suivre notre loi, nous rencontrons dans nos diverses facultés. Notre sensibilité va-t-elle d'elle-même à son bien, qui est le plaisir? Et son bien à elle est-il tout notre bien? L'accord s'établit-il spontanément et sans efforts entre notre raison et notre sensibilité, entre l'une et l'autre et notre volonté? Que sont ces facultés dont nous parlons là : volonté, sensibilité, raison? Quelle est l'œuvre propre, quel est le mode de développement, quel est le but de chacune d'elles? Puis, quels sont les penchants qui nous portent à aimer le bien des autres, et quels sont ceux qui nous en détournent? Car nous trouvons ceux-ci et ceux-là, qui se mêlent et se combattent dans notre nature. A quelles conditions, à quel prix, les concilierons-nous? Avons-nous besoin d'espérer une justice plus parfaite que celle qui règne sur la terre? Trouvons-nous en nous des raisons d'y croire, et quelle in- fluence ces raisons nous paraissent-elles exercer sur notre sen- sibilité, sur notre patience, sur notre résignation, sur notre charité, sur notre dévouement, sur notre enthousiasme pour les grandes choses? Il faut trouver réponse à ces questions, et les éléments de cette réponse, nous les devons chercher dans la réalité, dans les faits, dans l'analyse de notre nature et de ses rapports avec les choses et les êtres qui l'entourent.

Et maintenant qu'est-ce qu'élever un enfant? C'est l'amener peu à peu à être capable de se conduire lui-même et de se bien conduire, c'est-à-dire à comprendre et à observer les règles de la morale. Ceci contient tout, puisque la direction même de notre raison est un des premiers devoirs imposés par la morale. L'éducation met en présence l'une de l'autre deux natures qui au fond se ressemblent, et qui sont destinées à se ressembler de plus en plus; mais l'une, celle de l'enfant, est à un degré inférieur, et, pour ainsi dire, naissant, de développement; l'autre, celle de l'éducateur, est à un état de développement plus complet et en pleine possession de ses forces. Il faut donc que l'éducateur se connaisse bien lui-même, parce que c'est en lui-même qu'il trouvera cette nature qui lui est commune à lui et à son élève; c'est en lui qu'il saisira dans la plénitude de ses besoins, de ses exigences, de ses ressources, de ses fai- blesses et de ses dangers, cette nature si confuse, si incertaine et si hésitante encore, de l'enfant. Il faut qu'il amène l'enfant à raisonner, à penser, à sentir et à vouloir comme lui-même le fait, ou plutôt comme il sait qu'il le devrait faire toujours. Mais il ne faut pas seulement qu'il connaisse ce qu'il est actuellement, ce qu'il est devenu, comment il use des instruments de toute nature que ses propres éducateurs lui ont fournis ; il faut qu'il sache comment il est devenu tout ce qu'il est, par quels degrés il a fallu qu'il passât, dans quel ordre ses différentes facultés se sont épanouies et fortifiées. Toutes les fois, en effet, qu'il s'agit d'un développement successif, aux phases plus ou moins nombreuses, il faut se garder d'une impatience qui, par des tentatives prématurées et des efforts mal distribués, introduirait le désordre, et avec le désordre l'agitation et finalement l'impuissance. Or, cette connaissance des lois qui président au développement des diverses facultés, c'est la *psychologie* qui nous la donne.

La *psychologie* ou étude de l'âme humaine et de ses différentes facultés n'est donc pas moins nécessaire à la pédagogie qu'à la morale.

Il est dans la psychologie certaines questions plus profondes que les autres : ce sont celles qui touchent à la nature intime de notre être, à la substance de notre âme, à la causalité dont nous disposons, etc. Mais l'étude de ces questions doit être précédée par une description expérimentale de nos facultés. Qu'est-ce que cette description, et que signifie le mot *expérimentale*, par lequel nous venons de la désigner ?

On appelle *méthode expérimentale* la méthode qui recueille les faits par expérience, c'est-à-dire en les observant tels qu'ils se passent et en allant les regarder, à force d'attention, là même où ils se dérobent aux regards du vulgaire.

Dans les sciences de la nature, la méthode expérimentale fait encore plus : elle provoque artificiellement la production de certains faits, dans des circonstances ou conditions variées.

La psychologie ne peut en faire autant, si ce n'est dans une faible mesure : car on ne provoque pas artificiellement en soi une passion et un désir ; mais, d'ailleurs, les phénomènes psychologiques sont si nombreux, si divers, il y a également une si prodigieuse diversité dans les conditions que les sexes, les âges, les événements, les rapports mutuels des hommes entre eux et avec la nature, font à la production de ces phénomènes, que la simple observation peut parfaitement suffire. Il s'agit donc de s'observer soi-même, puis d'observer dans les autres hommes les marques, les expressions, et, de là, les démarches, les allures, les développements successifs des passions et des opérations actives, qu'on a appris tout d'abord à connaître en soi. Comme le dit nn éminent psychologue, Th. Jouffroy, l'intelligence se fatigue vite tout d'abord dans ce travail d'observation intérieure qui la détourne de la vue sensible de la nature. « Mais de nouveaux essais la façonneront peu à peu à cette contemplation réfléchie : la durée de ses observations se prolongera ; elle deviendra moins susceptible aux distractions extérieures; les faits de conscience, qu'elle n'avait d'abord qu'obscurément sentis dans leur passage rapide, se laisseront plus distinctement apprécier; elle y discernera des circonstances qu'elle n'y avait pas d'abord aperçues; ce qui lui avait paru simple se décomposera; ce qui lui avait paru semblable se distinguera; un grand nombre de faits qu'elle n'avait jamais soupçonnés se révéleront à elle... » Mais ces faits, il ne s'agit pas seulement de les noter au passage les uns à la suite des autres et de s'en souvenir; il faut les classer, il faut les ranger dans un petit nombre de groupes distincts, et, pour être sûr qu'on les met bien à leur place, il faut être à même de les décrire, de les décrire exactement, en marquant les caractères distinctifs, les conditions, les rapports mutuels des uns et des autres. Ces groupes ainsi formés, on attribue chacun d'eux à ce qu'on appelle une *faculté*.

Une *faculté*, c'est simplement le pouvoir que l'homme se reconnaît à lui-même d'éprouver certaines modifications ou d'accomplir certains actes.

Or, voici les principaux groupes de faits psychologiques que la conscience (ou connaissance intérieure que l'homme a de lui-même) arrive aisément à reconnaître :

1° Les faits *d'activité physique*, ceux par lesquels nous remuons et dirigeons notre propre corps, nous intéressant à ses besoins, cherchant à les satisfaire, le pliant à certaines habitudes, et le laissant en contracter d'autres insensiblement ;

2º Les faits dans lesquels nous nous laissons aller à l'attrait de certains plaisirs ou nous résistons à la douleur, soit en vue des besoins physiques dont nous venons de parler (c'est alors la *sensibilité physique*), soit en vue des besoins de l'intelligence (c'est alors la *sensibilité morale*) ;

3º Les faits de connaissance : connaissance du monde extérieur par les sens, du monde intérieur de notre âme par la conscience, du monde des vérités nécessaires par la raison ; connaissance du passé par la mémoire, de l'avenir par le raisonnement, etc. ; le pouvoir, la faculté que nous avons de connaître ainsi, c'est l'*intelligence* ;

4º Les faits dans lesquels nous prenons une résolution, plus ou moins librement, et agissons sous notre responsabilité ; c'est là la *volonté*.

Tels sont les faits principaux, telles sont les facultés dont nous allons essayer de donner une description sommaire, pour dire ensuite quelques mots du principe dont ils émanent, et que nous appelons l'*âme humaine*.

II.

L'activité physique. — Les mouvements, les instincts, les habitudes corporelles.

L'activité physique relève-t-elle de la psychologie? oui, elle en relève à deux titres. D'abord l'activité physique est la servante nécessaire de notre activité intelligente et libre. De quoi nous servirait notre volonté, si nous ne pouvions transporter notre corps et faire agir nos divers membres? En second lieu, cette activité qui commence à se développer obscurément, sans que nous en prenions aucune connaissance, peu à peu nous la sentons, nous la percevons, nous parvenons de mieux en mieux à la diriger, soit directement par nos efforts personnels, soit indirectement par la connaissance combinée des lois du corps et des propriétés des agents physiques mis en contact avec lui. Autrement dit, nous remuons d'abord nos membres sans avoir conscience de ce que nous faisons ; mais bientôt nous gardons le souvenir de ces actions et des satisfactions qu'elles nous ont données; nous renouvelons alors ces mouvements de propos délibéré et en vue d'un certain but. Nous les combinons et les organisons à notre gré, de telle sorte que, sous toutes les formes de notre activité physique, il est possible de retrouver quelque chose de notre activité mentale et de notre activité volontaire.

Les mouvements.

Le mouvement commence avec la vie : car il n'y a pas de vie sans mouvement, et il n'est point d'organe, si petit, si profondément caché qu'il puisse être dans l'économie, qui n'ait son mouvement. Chaque partie, chaque *cellule* de l'organisation, absorbe, digère, respire, exécute par elle-même et pour son propre compte le travail de la nutrition : chacune d'elles s'accroît, peut, dans certaines conditions, se reconstituer et se reproduire; chacune d'elles répond à telles et telles excitations par une action particulière, et enfin s'accommode au travail de toutes les autres. Chacune, en effet, vit de sa vie propre, qui dépend de la manière dont elle est construite et de la manière dont elle est placée dans l'organisation; puis elle vit de la vie commune, dont elle est solidaire, prêtant et recevant incessamment un concours dont la suspension ne serait autre chose que la suspension même de la vie.

Ces mouvements peuvent se décomposer en deux groupes principaux. 1° Il y a les mouvements dont le terme est *en dedans* : ce sont ceux par lesquels l'organe se nourrit, s'accroît ou s'entretient : on sait que chaque matière organisée perd à chaque instant, par l'usure, une partie de sa substance, et doit la remplacer par des éléments nouveaux, qu'elle s'assimile. Ainsi, avant de travailler à la nutrition des autres organes, l'estomac doit se nourrir lui-même. Or, cette reconstitution suppose un va-et-vient sans fin ni trève, un arrangement continuel de molécules : c'est à cette condition que les os demeurent capables de nous porter, que les enveloppes et les tissus du cœur restent intacts, que toutes les parties, si compliquées, de l'œil et de l'oreille sont toujours au complet; en un mot, que les fonctions trouvent leurs organes en état de suffire à la tâche qu'elles leur imposent.

2° Il y a les mouvements dont le terme est *en dehors* des organes qui les exécutent. Ceux-là sont plus connus encore : ce sont les mouvements de relation, de locomotion, les mouvements des pieds et des mains ; ce sont aussi les mouvements qu'un organe intérieur accomplit pour le compte de l'organisme tout entier, comme ceux par lesquels le cœur préside à la circulation du sang, les intestins à la digestion, les nerfs à la sensibilité et à la motilité générale, etc.

On peut se convaincre aisément que, soit sous une forme, soit sous l'autre, le mouvement ne cesse jamais dans l'être vivant. Quand un organe sent qu'il dispose d'une force suffisante, renouvelée ou entretenue par la nutrition, il veut agir, en quelque sorte ; il cherche un point d'application, il demande un travail ; s'il n'en trouve pas, il s'abandonne à une espèce de frémissement ou d'inquiétude, qui mettent le corps entier mal à l'aise. Quand l'organe est fatigué de cette action, il se repose ; mais il se repose d'autant mieux qu'il se reconstitue. Or, cette reconstitution, nous l'avons vu, n'est possible que par introduction et groupement des molécules nouvelles, ce qui implique le premier mode du mouvement, le mouvement interne.

Quelles sont maintenant les causes ou conditions dont ces mouvements dépendent ?

La première cause, c'est cette activité essentielle à la vie, cette spontanéité d'action qui est la vie même. Nous ne pouvons pas remonter plus haut.

La seconde, c'est le stimulant que lui apportent les matériaux, bons ou mauvais, sur lesquels opère son action. Les poumons travaillent sur l'air qu'ils respirent, absorbent de l'oxygène, exhalent de l'acide carbonique ; le tube digestif travaille sur les aliments, qu'il transforme en sang ; l'œil et l'oreille travaillent sur les vibrations de l'éther, qu'ils transforment en couleurs et en sons, et ainsi du reste. La présence de ces substances sur lesquelles doit porter l'effort de la vie, voilà le stimulant naturel, ordinaire, de tout organe. Tout organe est excité à agir par les matériaux sur lesquels son activité doit s'exercer.

Ces matériaux arrivent-ils en temps voulu ; sont-ils en quantité suffisante ; ont-ils la qualité nécessaire ; l'air est-il pur ; les aliments sont-ils sains ; la lumière n'est-elle ni trop éblouissante ni trop diffuse ; les sons ne sont-ils ni trop intermittents ni discordants : alors l'activité de l'organe est encouragée à agir, à agir avec vigueur, avec aisance ; elle se complaît, pour ainsi dire, dans son action. Dans le cas contraire, cette activité se fatigue dans des efforts mal suivis, pleins de soubresauts qui se combattent et qui se gênent ; cependant elle n'en travaille pas moins, tant qu'elle le peut, à triompher de ces résistances et à en faire disparaître les causes.

Enfin, nous verrons que l'individu, alors même qu'il n'est pas immédiatement, réellement, en présence de ces objets réclamés par son activité, peut se les représenter, les pressentir, les imaginer. Ces représentations provoquent, elles aussi, des mouvements : le loup qui a faim sort du bois pour trouver la proie qu'il convoite, de même qu'il s'élance après celle qu'il a vue dans les broussailles avoisinantes.

Telles sont les causes ou conditions des mouvements physiques.

Les instincts.

On appelle du nom d'*instincts* les *impulsions intérieures qui portent l'être vivant à agir, sans qu'il ait besoin de réfléchir et de raisonner.*

Les analyses qui précèdent montrent quelle est l'origine première de ces impulsions. Tout organe qui vit et se sent vivre tend à vivre : c'est dire qu'il tend à déployer ses ressources particulières, à exécuter le travail que lui imposent et sa structure à lui et sa place dans l'économie, à transformer les substances ou les agents qui lui fournissent les matériaux indispensables de son action. Nous le constatons facilement dans notre corps : l'œil est attiré par la lumière, et par toute lumière qui peut entretenir ou stimuler son activité sans la troubler ; l'oreille se dirige, *instinctivement*, du côté du bruit ; la main aime à prendre : les doigts du tout petit enfant, quand ils rencontrent un objet quelconque, se replient dessus pour le saisir, autant que sa force le lui permet ; nos jambes, comme nous disons familièrement, nous démangent lorsqu'il y a quelque temps que nous n'avons marché ; notre estomac, quand le moment est venu pour lui de recommencer ses fonctions, nous tiraille ; nos poumons se dilatent d'eux-mêmes pour aspirer l'air qui nous est nécessaire, etc.

Dès lors, qu'est-ce qui fait la variété des instincts ? C'est tout d'abord la variété des organes particuliers et des systèmes d'organes, unis et associés pour se prêter un mutuel concours dans l'ensemble d'un être vivant. C'est ainsi que l'oiseau a l'instinct du vol, et le poisson l'instinct de la nage ; que le lion a l'instinct carnassier ; que la taupe a l'instinct fouisseur ; que le cheval a l'instinct de la course ; que le hibou a des instincts nocturnes, et ainsi de suite.

Chaque animal a donc son genre de vie spécial et ses moyens d'existence particuliers. C'est ce qui fait que chacun agit à sa manière, ne se représente qu'une seule espèce d'actes, possibles pour lui, ne tend qu'à ceux-là, n'ajuste insensiblement ses efforts qu'à eux, et arrive promptement à les exécuter avec perfection, sans connaître ni nos hésitations, ni nos perfectionnements volontaires.

Une autre cause de la variété des instincts, c'est la variété des excitations qu'apportent aux organes les circonstances, les conditions, au milieu desquelles il leur est donné de s'exercer. Ainsi, chaque espèce d'oiseau, pour faire son nid, emploie les matériaux qui sont le plus à sa portée, et choisit les situations les plus conformes aux habitudes de vie que son organisation exige de lui. « Tel, qui vit dans les bosquets bas et dans les haies, fait, en général, son nid avec de la mousse, qu'il trouve toujours là où il vit, et qui lui fournit probablement beaucoup d'insectes pour sa nourriture. Tel autre, dont le vol est lourd, niche à terre ou dans le sable. » L'aigle, qui plane au loin et vole haut, niche dans les fentes des rochers les plus élevés.

Cela posé, on comprend que les instincts soient si nombreux, si divers, si spéciaux, et, pour ainsi dire, si menus et si subtils chez les animaux proprement dits. C'est que le nombre des espèces animales est prodigieux ; que chacune de ces espèces et des variétés de ces espèces a son organisation à elle : que les pattes d'un insecte ne ressemblent pas à celles d'un autre ; que les pattes du castor ne ressemblent pas à celles du chien ; que ni le bec, ni les ailes, ni les yeux ne sont les mêmes chez les oiseaux, etc.

Mais on comprend aussi que dans l'espèce humaine les instincts soient moins nombreux : car les impulsions qui les entretiennent s'arrêtent beaucoup plus vite, pour laisser se substituer à elles les essais, les tentatives, les perfectionnements de l'intelligence et de la volonté réfléchie. La main de l'homme n'est ni une aile, ni une nageoire, ni une griffe, ni une serre, ni une trompe ; c'est un instrument fait pour compter, peser et mesurer, dénué d'aptitudes spéciales à tels ou tels besoins de la vie matérielle, mais adapté aux fins de l'intelligence. Ce n'est pas à dire que l'homme n'ait pas des besoins qui le tourmentent et le poussent à agir ; mais ils sont vite connus et appréciés par l'intelligence, qui cherche à sa manière, selon ses lois propres et ses méthodes, les moyens de les satisfaire. Si cette intelligence, atteinte par une maladie quelconque, fait défaut, l'organisme humain ne peut que très difficilement se suffire à lui-même, et la réflexion disparue ne fait jamais place en [lui à l'instinct sûr et précis de l'animal. L'instinct de nutrition, l'instinct de locomotion et quelques autres, comme l'instinct d'imitation (ces tendances que nous avons à exécuter des mouvements ou actes semblables à ceux qui s'exécutent devant nous), persistent encore, plus ou moins pervertis et dépravés, chez les idiots. Quant aux mouvements que l'homme, malade ou non, exécute sans y réfléchir, ils sont, pour la plupart, le résultat de l'habitude, beaucoup plutôt que de l'instinct.

Les habitudes corporelles.

Nous n'étudierons ici que les habitudes contractées par le corps et par ses diverses fonctions.

Disons d'abord que, parmi les mouvements que nous avons analysés et décrits, il en est dont l'exécution est invariable : ce sont ceux qui dépendent immédiatement de mécanismes invariables eux-mêmes. Tels sont les mouvements associés des muscles congénères et des muscles antagonistes, les mouvements de la succion, de la déglutition, des excrétions de l'intestin ou de la vessie, les mouvements respiratoires, les mouvements qui produisent l'éternuement, le vomissement et la toux, et enfin bon nombre de mouvements expressifs, comme le rire, le sourire ou les larmes. Ces mouvements attestent des aptitudes qui, résultant directement de l'organisation, n'ont pas, pour ainsi dire, deux manières de s'exercer.

Mais il y a d'autres mouvements d'une exécution variable : ce sont ceux qui répondent à des excitations variables des circonstances extérieures, des sensations éprouvées et des représentations de l'imagination. Tels sont les mouvements par lesquels un organe ou l'organisme entier s'efforce soit de repousser, soit de fuir un danger soudain ; les mouvements d'imitation ; certains mouvements expressifs particuliers, propres à tel ou tel individu, dans un concours de conditions qui peut-être ne se reproduira pas ; bref, toutes sortes de mouvements par lesquels l'organisme se laisse aller à certaines excitations inattendues ou leur résiste, et essaye de s'adapter aux exigences du moment et du lieu dans lequel il est.

Or, des mouvements accidentels et variables peuvent causer à l'individu qui les accomplit un certain plaisir. C'est une énergie en quelque sorte nouvelle, nouvelle au moins par la forme, l'intensité, le mode de son action, qu'il a ressentie là : il est donc porté à s'y complaire. Il s'y complaît, en effet, très souvent, et, dès lors, il est porté, il est entraîné bien vite à les répéter, à se replacer dans l'état où il était lorsqu'il a goûté pour la première fois cette jouissance plus ou moins confuse. Il répétera donc ces actes de plus en plus. Pour en éprouver le besoin, pour y penser, ou plutôt pour s'y porter instantanément, sans réflexion, ni effort, il lui suffira d'une occasion, d'une tentation, si faibles soient-elles. *Cette tendance acquise à répéter un mouvement, et qui s'accroît par la répétition même, c'est l'habitude.*

Ainsi, tout homme est porté à boire et à manger par la constitution même de son organisme; mais tout homme n'est pas également porté à boire et à manger aux mêmes heures; et si l'estomac ne s'habitue jamais à ne pas manger, il s'habitue

à vouloir manger, c'est-à-dire à avoir faim, deux, trois ou
quatre fois par jour, comme il s'habitue à manger plus ou
moins (pourvu, bien entendu, que ces variations n'affectent
pas la santé et ne contrarient pas violemment les instincts
primitifs de l'organisme). Il faut que nous marchions, tant que
nous ne sommes pas paralysés ; mais le corps s'habitue à telle
ou telle somme de locomotion : s'il en a moins, il est inquiet
et agité ; s'il en a plus, il est fatigué. Nul ne peut se passer
complètement de sommeil ; mais il est certain que l'organisme
en demande de plus en plus au fur et à mesure qu'on lui en
donne davantage ; le besoin de se réveiller revient même avec
beaucoup de facilité à certaines heures, par cela seul qu'il
s'est déjà produit à ces heures-là, et ainsi de suite.

L'habitude est ainsi, comme on le répète à juste titre, une
seconde nature, qui se rattache à la première par des transitions plus ou moins longues (suivant le plaisir et la facilité
que nous y trouvons), qui étend cette première nature, qui l'as-
souplit, qui quelquefois la perfectionne et la corrige, mais
qui souvent aussi la pervertit. Ceci suffit à montrer ou à rappeler quelle est l'importance de l'habitude, particulièrement
en ce qui concerne les habitudes corporelles.

III.

**La sensibilité physique. — Le plaisir et la douleur; les sens :
sensations internes et sensations externes; les besoins et
les appétits.**

La *sensibilité* est la faculté que nous avons d'être affectés ou
modifiés d'une manière agréable ou pénible. Plus simplement
encore, c'est la *faculté d'éprouver du plaisir ou de la douleur*.
Tantôt nous rapportons cette modification à une partie de notre
corps qui a été particulièrement affectée, et où nous la
situons, où nous la localisons ; tantôt il nous est impossible de
la rapporter à tel ou tel de nos organes : c'est de l'invisible
action de nos idées sur nous et sur nos rapports avec les
autres êtres, qu'elle nous arrive. Dans le premier cas, elle

relève de la *sensibilité physique;* dans le second, de la *sensibilité morale.*

Le plaisir et la douleur.

Il est difficile de définir le plaisir et la douleur, parce que ce sont là deux états aussi simples que possible. Disons seulement que le plaisir suppose une certaine excitation, qui active la vie sans la fatiguer ni la troubler, et dans laquelle l'être persévère tant qu'il le peut; tandis que la douleur accuse un trouble plus ou moins violent, un état anormal dont l'être s'efforce malaisément de se délivrer.

Tout plaisir est donc essentiellement lié à une certaine activité, qui se sent elle-même se déployer avec vivacité et avec aisance, soit que ce développement se continue en pleine liberté, soit que, après un trouble accidentel, il reprenne sa régularité et son harmonie.

Ce n'est donc pas, à proprement parler, la possession de tel ou tel objet qui nous procure du plaisir. La source véritable du plaisir est en nous-mêmes. Toute la vertu des objets extérieurs est dans l'aptitude qu'ils ont à provoquer le développement de notre propre activité. Ce n'est pas de l'aliment que nous jouissons, c'est de la vie qu'il stimule et qu'il réveille en nous dans toutes les parties de notre corps, dans notre cerveau, dans nos sens, dans tous nos organes, enfin, qui, une fois reconstitués, se sentent capables et désireux d'agir. C'est pour la même raison qu'une lumière pure, ni trop éclatante, ni diffuse, que des sons suivis, d'accord avec eux-mêmes, exerçant les organes de l'ouïe, sans les fatiguer, c'est-à-dire sans leur demander d'efforts contradictoires, nous plaisent, nous égayent, charment tout à la fois nos sens et notre âme.

On objectera que le repos est l'un des plaisirs les plus enviés. Cela est vrai; mais dans quel cas? Quand notre activité fatiguée craint l'épuisement, et que le repos lui permet de conserver ou de réparer ses forces. Hors de là, le repos prolongé sans nécessité devient l'ennui, c'est-à-dire la disposition la plus mortelle peut-être au plaisir, parce qu'elle énerve et décourage à la fois notre corps et notre esprit.

A son tour, d'où vient la douleur, sinon de ce que notre activité est comprimée et rencontre des obstacles? Il est des lésions sans grande importance qui nous causent des douleurs cruelles : la sympathie qui existe entre tous les organes du corps vivant, et qui est entretenue par la multitude des nerfs, fait que l'irritation d'un de ces derniers se transmet rapidement au corps entier, pour l'agiter, le tourmenter, et en même temps l'abattre. Il arrive, d'autre part, qu'un malade gravement atteint cesse de souffrir, et le plus souvent le médecin s'en inquiète : car c'est presque toujours un signe que la vie épuisée ne se sent plus, parce qu'elle ne résiste plus.

Tout cela nous explique comment le plaisir et la douleur sont si souvent mélangés dans notre vie. L'énergie, l'élan que nous déployons, nous rendent certainement heureux ; mais plus ils sont vifs, violents, plus ils risquent de nous faire sentir douloureusement l'obstacle que leur oppose ou une résistance extérieure ou la fatigue. Dans tout combat, dans toute lutte, nous passons tour à tour, avec une extrême rapidité, du plaisir d'agir à la douleur d'être contrariés dans notre action.

Les sens. Sensations internes et sensations externes.

L'activité de chaque organe vivant, et à plus forte raison celle de l'organisme tout entier, tendent d'elles-mêmes à se développer et à évoluer dans un certain sens, déterminé pour chaque espèce. Mais ce développement s'opère dans des conditions données par le milieu extérieur et sur des matériaux également fournis par ce milieu. La vie, en effet, ne s'entretient que par une transformation continuelle d'aliments pris au dehors, introduits dans l'économie, puis assimilés à la matière vivante, c'est-à-dire venant tenir la même place, entrer dans les mêmes combinaisons, servir aux mêmes fins que les parties détruites et usées qu'elles remplacent. Quand la vie acquiert, comme elle le fait dans les animaux supérieurs et dans l'homme, plus d'ampleur et de liberté, l'organisme n'entre pas seulement en relation avec les corps dont il se nourrit; il communique perpétuellement avec les agents physiques dont le contact fait naître en lui des phénomènes variés : les vibrations de l'éther qui nous environne deviennent en nous des sons, de la lumière, des couleurs. Chacune de ces modifications que notre organisme a la conscience d'éprouver quand il est sollicité ainsi par un agent physique quelconque, produit ce qu'on appelle une *sensation*. L'aptitude à éprouver telle ou telle espèce de sensation se nomme un *sens*, et tout sens a un *organe* : cet organe, c'est la portion de matière organisée qui, mise en contact avec l'agent physique, se modifie de manière à produire un état nouveau dans la conscience de l'être tout entier : ainsi, l'œil est l'organe du sens de la vue, parce que c'est lui qui est spécialement affecté par les phénomènes donnant naissance à l'état nommé *vision*.

On peut distinguer deux ordres de sensations : les sensations *internes* et les sensations *externes*. Les sensations internes, prises dans leur ensemble, se rapportent au sens vital, qui nous avertit de la manière plus ou moins facile ou laborieuse dont s'accomplissent en nous les fonctions de la vie. Il suffit de rappeler la faim, la soif, les palpitations de cœur, l'oppression, les nausées, le mal de mer, la colique. Ce sens a pour organe tous les nerfs, qui, disséminés dans l'intérieur de l'économie, font parvenir aux centres nerveux toute impression dont le corps est affecté. Quand notre estomac digère mal ; quand une substance malsaine ou vénéneuse altère nos tissus ; quand le sang ne peut pas circuler ; quand un air insuffisant ou impur n'en a point permis le renouvellement ; quand nos articulations se gonflent ou se resserrent, ces avertissements se font sentir à nous avec une intensité des plus douloureuses. Le rôle salutaire de la douleur est ici visible : elle nous met en garde contre les dangers qui menacent notre existence au dedans de nous ; elle provoque notre vigilance ; elle nous met, pour ainsi dire, en demeure de faire tout ce qui est nécessaire pour nous sauver.

Les sensations externes se rapportent à l'un ou à l'autre de ces organes, qui, placés à la superficie de notre corps, nous mettent en relation avec les phénomènes du monde physique. Ces organes sont ceux des sens extérieurs : le *goût*, l'*odorat*, l'*ouïe*, la *vue*, le *toucher* ; les modifications qu'ils nous font subir et sentir sont pour nous autant de signes des propriétés des choses : si elles ne nous font point connaître la nature intime et l'essence[1] de ces choses mêmes, elles nous fournissent pourtant un certain moyen de les connaître par les effets que nous éprouvons de leur contact ou de leur résistance.

Externes ou internes, propagées par les nerfs qui s'épanouissent à la périphérie ou par ceux qui se ramifient dans les profondeurs de nos tissus, ces sensations ne sont senties, c'est-à-dire, en réalité, n'existent pour nous, que si elles aboutissent à nos centres nerveux, la moelle épinière et le cerveau.

Si nous rappelons maintenant que la vie et son mouvement ne s'arrêtent jamais en nous, qu'à chaque instant nos organes travaillent, et que le mode de ce travail, aisé ou malaisé, lent ou rapide, retentit sourdement dans tout notre être, nous comprendrons que les états de notre sensibilité varient beaucoup. Ils tiennent en effet à mille causes très difficiles parfois à démêler. Tandis que nul événement extérieur ne peut rendre heureux l'homme qui souffre ou simplement n'a pas assez de force pour agir, « dans la jeunesse et la santé il y a un fonds permanent de bien-être, de contentement, de gaieté, qui vient du bon état de l'organisme, qui persiste, et qu'il n'est pas facile d'épuiser, au milieu même de bien des contrariétés et des traverses[2] ».

Il est certaines excitations modérées que nous recevons du dehors, des sons harmonieux que nous entendons, des bonnes odeurs que nous envoient les jardins et la campagne, de la lumière sereine et pure qui nous caresse : celles-là éveillent et encouragent l'activité de nos organes; elles nous disposent à la bonne humeur, à l'entrain, au rire et à l'espérance. C'est à la condition cependant que nos organes ne soient pas trop engourdis ou trop endoloris par un mal, soit connu, soit encore caché : car alors nous attribuons en quelque sorte à la nature entière, et aussi à ceux de nos semblables qui nous approchent, une part de notre tristesse ou de notre chagrin. « Tel

1. Nous reviendrons, sur ce point, dans le chapitre suivant.
2. F. BOUILLIER, le Plaisir et la Douleur.

2.

est le principe, dit Maine de Biran, de cette sorte de réfraction morale qui nous fait voir la nature tantôt sous un aspect riant et plaisant, tantôt couverte comme d'un voile funèbre, et qui nous représente, dans les mêmes êtres, tantôt des objets d'espérance et d'amour, tantôt des sujets d'aversion et de crainte. Aussi le charme, l'attrait, le dégoût ou l'ennui attachés en divers instants de notre vie dépendent presque toujours de ces dispositions si profondément ignorées de notre sensibilité. »

Bref, notre sensibilité se trouve continuellement modifiée par une multitude d'impressions qui viennent, soit du dedans, soit du dehors; il faut en être prévenu pour s'en défier : car ces modifications qu'elle éprouve réagissent, à leur tour, sur nos passions, sur nos désirs, sur nos réflexions, sur nos délibérations, sur nos actions et nos habitudes.

Les besoins et les appétits.

Nous avons dit que tout organe qui se sent vivre tend à vivre. Mais, pour vivre, il lui faut des aliments ; et l'on entend souvent par *besoin* la sensation douloureuse qu'éprouve l'être vivant, quand il lui manque un des aliments ou l'une des conditions nécessaires à l'une ou à l'autre de ses fonctions.

Le besoin cependant est quelque chose de plus qu'une simple privation : c'est un état positif, concret, produit par une activité déterminée, qui commence à s'exercer, et qui cherche ce qui lui manque pour continuer à s'exercer jusqu'au bout, selon sa nature ; c'est une tendance qui déjà se met en mouvement, mais avec une certaine difficulté, parce qu'elle n'a pas encore tout ce qu'il lui faut. Ceci résulte de la définition même de la sensation, qui suppose partout une activité se sentant elle-même et se sentant facilitée ou contrariée par les circonstances extérieures.

Ainsi, tout besoin[1] est signe d'une fonction, qui, par le jeu

---

1. Quand il n'est pas produit par une déviation factice de notre énergie naturelle. Nous reviendrons sur ce point quand il s'agira de l'*habitude*.

même de la vie, ébauche déjà son travail. Quand nous éprouvons le besoin de marcher, c'est que nos organes locomoteurs, ayant accompli ce travail de reconstitution interne que nous avons décrit plus haut, disposent d'une force suffisante pour se mouvoir extérieurement, et s'apprêtent à se mouvoir, et déjà se meuvent, en effet, dans d'imperceptibles tressaillements. Quand nous éprouvons le besoin de manger, notre estomac fait un premier effort pour digérer : des expériences positives ont montré la réalité de ces mouvements qui provoquent la sécrétion du suc gastrique. A tous les degrés de la vie, et même dans les formes de moins en moins matérielles de notre existence, le besoin revêt les mêmes caractères. Le besoin d'apprendre, qui se manifeste chez l'enfant par des questions multipliées et par la lecture, atteste une intelligence active qui se sent déjà capable de comprendre et de retenir. Le besoin de trouver des explications suppose une raison qui a ses exigences, et qui se sent le droit d'en avoir. Le besoin de trouver des amis prouve une âme généreuse, cherchant moins à développer en elle les sentiments affectueux (ils y sont) qu'à les porter sur un objet qui lui paraisse les mériter. C'est ce que l'étude de la sensibilité morale nous confirmera. Mais bornons-nous ici aux besoins physiques, à ceux qu'on nomme *appétits*.

Les appétits sont les mouvements produits en nous par les besoins et les nécessités renouvelées de la vie corporelle : tels sont la faim, la soif, le besoin d'exercice[1]. L'appétit enveloppe le *désir*, qui n'est, si l'on veut, que le besoin, mais accompagné cependant d'une image qui lui représente l'objet capable de l'apaiser, et lui fait éprouver une anticipation, un avant-goût du plaisir qu'il cherche.

Ces besoins, ces appétits, avec les désirs qui les accompagnent, ont un caractère distinctif : ils sont périodiques, c'est-à-dire qu'ils cessent après avoir été satisfaits, et renaissent à

1. On peut ajouter le besoin du repos et le besoin du sommeil, qui n'échappent pas à la définition donnée plus haut. Le besoin de sommeil est réellement un commencement de sommeil; le besoin de repos, un repos naissant, dans lequel les muscles prennent une attitude particulière, dont ils ne veulent pas être dérangés.

des intervalles à peu près réguliers. Il faut ajouter que si quelque contrainte extérieure voulait forcer l'organisme à une action dont il ne se sentirait pas actuellement capable, il en résulterait un malaise pénible. Telle est la fatigue que nous ressentons lorsqu'il nous faut marcher, travailler, faire un exercice quelconque ou simplement veiller, quand l'épuisement momentané de notre énergie musculaire ou nerveuse nous rend nécessaire le repos simple ou le repos plus complet qu'on nomme le *sommeil*. L'alternance du repos et de l'action est une loi qui s'impose à toutes les formes de la vie.

Mais « tous les appétits peuvent être pervertis et devenir des sources de fausses indications relativement aux besoins de l'organisme. Ils sont, de même, susceptibles de s'enflammer d'une manière artificielle et hors de saison par la présence des choses qui les stimulent et les satisfont. Nous sommes capables de désirer la chaleur quand la fraîcheur nous serait plus salutaire; nous prenons des aliments et des boissons bien au delà du nécessaire; nous nous laissons aller à ce qui nous excite à l'action quand nous devrions chercher le repos, ou bien nous nous abandonnons au repos jusqu'à y perdre nos forces. L'appétit pour le sommeil est [devenu] si incertain que l'on n'a pas encore pu établir ce qu'il faut de sommeil à l'organisme. C'est peut-être que la complication de l'organisme humain et les penchants contraires qui l'agitent sont les causes de toutes ces incertitudes, de toutes ces erreurs qui nous obligent à recourir à l'expérience, à la science et à une volonté supérieure de l'appétit pour nous guider dans nos actions de chaque jour[1]. »

IV.

L'intelligence. — La conscience et la perception extérieure; la mémoire et l'imagination; l'abstraction et la généralisation; le jugement et le raisonnement; les principes régulateurs de la raison.

L'intelligence est la faculté de *connaître :* ce dernier mot, exprimant un des états simples de l'être humain, n'est guère

1. A. Bain, *le Sens et l'Intelligence.*

plus susceptible de définition que les mots *sentir, jouir* et
souffrir. L'étude des différents modes de l'intelligence peut
seule éclairer la nature de l'intelligence.

La conscience.

L'intelligence a, surtout chez l'homme, ce caractère, qu'elle -
sait qu'elle connaît, et que, par conséquent, elle se connaît
elle-même. La plaque du photographe, convenablement préparée et mise en face d'un objet éclairé, reçoit et garde
l'image de cet objet; mais elle ne le connaît pas, parce qu'elle
ne sait rien de la modification qu'elle en reçoit. La première
de nos facultés intellectuelles est donc la *conscience* ou *connaissance* que nous prenons *de nous-mêmes,* en même temps
que nous exerçons une action ou éprouvons une modification
quelconque.

La conscience nous fait-elle connaître également, avec une
clarté toujours la même, tout ce qui se passe en nous ? Non.
Les degrés sont ici, comme dans toutes les formes de la vie,
très nombreux. Il est en nous des états qui doivent davantage
à notre propre activité, que nous nous efforçons de faire naître,
ou plutôt de continuer, de développer et de varier à notre gré;
il en est d'autres que nous laissons s'accomplir en nous, pour
ainsi dire sans nous, c'est-à-dire sans leur opposer aucune résistance, et sans nous préoccuper de les diriger. Or, la conscience nous fait bien mieux connaître les premiers que les
seconds. Nous avons une claire conscience de nos réflexions,
de nos hésitations, de nos scrupules, de nos délibérations, de
nos décisions, de nos efforts, de nos raisonnements, de nos calculs, des désirs que nous cherchons soit à comprimer ou à
modérer, soit, au contraire, à exciter dans notre cœur; nous
n'avons qu'une conscience plus vague et plus fugitive des idées
qu'on nous suggère, des penchants auxquels nous cédons sans
nous demander où ils nous conduisent, des sensations que nous
ne combattons pas, des velléités auxquelles nous ne donnons
aucune suite, des images incohérentes qui flottent dans notre
esprit pendant nos rêveries paresseuses. Plus obscure encore
est la conscience que nous avons de nos rêves ou des actions

que nous accomplissons machinalement, par suite d'habitudes
invétérées, qui ont, en quelque sorte, monté dans nos organes
un mécanisme marchant seul et sans nous demander ni attention ni effort. Nous marchons, nous écrivons, nous formons les
lettres et les chiffres, nous articulons les divers sons en pensant à tout autre chose. Enfin, la conscience que nous pouvons avoir du travail de nutrition qui s'accomplit dans nos
tissus, si elle n'est pas tout à fait nulle, est du moins inappré-
ciable et se confond dans le sentiment général de notre conscience totale.

Ainsi, la conscience me fait connaître la part que je prends
dans l'organisation et la direction de ma vie personnelle, et
c'est par elle que je me forme une idée de ce que j'appelle
moi. Ce n'est pas moi qui fais circuler mon sang dans mes
veines, qui distribue à mes divers organes les matériaux que
ce sang charrie, qui construis ou répare mes os, qui gouverne
enfin les fonctions de ce corps qui est *mien* plutôt qu'il n'est
moi-même. Mais c'est moi qui sens, qui pense, qui imagine,
qui me souviens, qui aime et qui veux ; et c'est parce que
c'est moi qui éprouve ou qui accomplis ces phénomènes, que
je les connais directement. La conscience et le moi sont donc
inséparables, et le moi s'étend jusqu'où s'étend, si faiblement
que ce soit, la conscience.

Mais la conscience ne nous fait pas seulement connaître les
innombrables phénomènes que nous nous attribuons : en nous
faisant distinguer de ces phénomènes divers et passagers le
moi, qui en est le sujet, elle nous donne un certain nombre
d'idées de la plus haute importance.

C'est d'abord par la conscience, et par elle seule, que nous
percevons quelque chose d'un. L'état de conscience est essentiellement le rapport qui s'établit entre une unité interne
(celle du moi) et la multiplicité des choses extérieures. Pris
dans la nature, un son se subdivise en un nombre de vibrations considérables : c'est en moi qu'il est *un* son, c'est la
conscience que j'en prends qui lui donne son unité. Ainsi, en
dehors de nous, tout est multiple, tout est divisible : comme
le disaient d'anciens philosophes, « on ne se baigne pas deux
fois dans le même fleuve », tout coule et tout passe, tout est

en mouvement; et le mouvement, c'est une succession de phénomènes, dont les uns n'existent plus, dont les autres n'existent pas encore. C'est donc dans ma pensée qu'est l'unité du mouvement que je perçois. C'est donc la conscience, encore une fois, qui peut seule nous donner l'idée de l'*unité*.

Mais comment concevons-nous la pluralité, le nombre? Par l'unité, qui se répète; et c'est aussi par la répétition d'unités distinctes que nous percevons et mesurons le temps, puis l'espace. Un temps court est un temps dans lequel nous ne pouvons exécuter que peu d'actes ou d'intelligence ou de volonté : une route plus longue qu'une autre est celle qui nous demande un plus grand nombre de mouvements volontaires ou de pas pour arriver au bout. C'est ce qui explique même les illusions que nous nous faisons sur la durée et sur l'espace. Si nous sommes distraits et attirés hors de nous par quelque chose qui nous occupe agréablement, *nous nous oublions :* le temps passe, le chemin se fait, sans que nous ayons mesuré bien exactement ni l'un ni l'autre; et ils nous paraissent plus courts qu'ils ne le sont en réalité. Si nous nous regardons agir, tout nous semble plus long, parce qu'alors nous comptons nos pensées et nos efforts.

C'est la conscience qui nous donne aussi l'idée de *cause*. Le monde physique ne nous montre, en effet, que des successions; le vent souffle, un arbre s'agite, ou la poussière se soulève : ce sont des faits que je vois l'un après l'autre; nulle part mes yeux ne m'en découvrent davantage. Ma raison sans doute me fait affirmer ce que je ne vois pas; elle me fait affirmer que tout ce qui arrive a une cause; mais, pour appliquer l'idée de *causalité*, il faut l'avoir, et ce qui me la donne, c'est la conscience que j'ai de vouloir une chose, qui, si je ne la voulais pas, ne se ferait pas.

C'est parce que j'ai la conscience d'être un *être un* et un être capable d'action, c'est-à-dire une cause, que je suis assuré de l'exactitude de mes souvenirs, que je me sens responsable de ce que j'ai fait, que je me crois maître d'agir comme bon me semble, et que cependant je crois agir plus conformément à ma nature quand, au lieu de m'abandonner à des influences extérieures et passagères, je m'applique à mettre le

plus d'unité possible dans ma vie et à me conserver la libre
possession de ma volonté. Agir « en conscience », c'est agir
selon les exigences permanentes de l'esprit en ne le laissant
asservir ni par les sens, ni par le hasard aveugle, ni par des
influences injustifiables.

C'est donc la conscience qui est le fondement de la moralité, comme de la science.

La perception extérieure.

La *perception extérieure* est la *connaissance* que nous prenons des *phénomènes physiques par les impressions que ces
phénomènes produisent sur nos sens.*

Nous avons déjà vu que nos principaux sens sont : le *sens
vital*, l'*odorat*, le *goût*, l'*ouïe*, la *vue*, le *toucher*. A mesure
qu'on monte du sens vital au toucher, en passant par ceux
que nous venons d'énumérer entre l'un et l'autre, on voit que
la part de la sensation proprement dite s'affaiblit graduellement, et que la part de la connaissance augmente dans une
proportion correspondante.

Le *sens vital*, l'*odorat* et le *goût* ne nous procurent que des
notions très pauvres, le premier surtout : ces sens sont plus
particulièrement des auxiliaires de la vie animale, c'est-à-dire
qu'ils nous aident, par les impressions confuses, mais souvent
très fortes, qu'ils nous apportent, à chercher ce qui est nécessaire à notre vie et à notre santé, à repousser ce qui leur est
contraire. Mais l'odorat est beaucoup moins développé chez
nous que chez les animaux.

L'*ouïe* a mérité le nom de *sens social*, parce que c'est ce
sens qui, avec l'usage de la parole, nous permet les relations
de société : les sons qu'il nous apporte sont composés de vibrations, faciles à décomposer, à distinguer les uns des autres,
et que notre voix articulée peut répéter à volonté, ce qui contribue beaucoup à nous en donner une claire connaissance.
Enfin, le sens de l'ouïe participe le premier aux jouissances
esthétiques, et Aristote en a donné cette raison profonde :
« Si les rythmes et les mélodies de la musique, dit-il, s'adap-

tent aux sentiments de l'âme, c'est qu'ils sont des mouvements, comme le sont nos actions. »

La *vue* nous fait percevoir la lumière et les couleurs, et par là même les différentes formes des corps : car les lignes que nous dessinons, pour ainsi dire, dans l'étendue qui nous entoure, et par lesquelles nous délimitons les figures de tous les objets que nous voyons, c'est toujours la continuité d'une couleur distincte qui nous les donne. Avec les lignes et les couleurs, avec l'ombre et les lumières, l'homme fonde les arts du dessin, la peinture, la sculpture, l'architecture, ce qui a fait souvent donner à la vue le nom de *sens artistique*. Toutefois la vue ne nous fait percevoir que deux des dimensions de l'étendue : la longueur et la largeur.

Le *toucher*, ou *sens scientifique*, vient compléter et corriger, s'il en est besoin, les données des autres sens : car il nous donne la troisième dimension des corps, la profondeur. Son principal organe est la main, qui se moule sur les objets, les presse, les soutient, les parcourt en tous sens, multiplie les relations des corps étrangers avec le nôtre. Unité de mesure primitive de tous les hommes, compas naturel à cinq branches, la main est le premier instrument qui nous permette de compter, de peser, de mesurer, c'est-à-dire d'acquérir les premières notions nécessaires pour constituer les sciences de l'étendue, du mouvement et de la quantité. Chez les idiots, aucun sens n'est aussi altéré que le toucher.

Ainsi, entre notre esprit et les corps étrangers, nous avons un intermédiaire, qui est notre corps à nous. Les impressions que notre corps reçoit de son contact avec les autres sont des signes que nous apprenons peu à peu à interpréter; mais ce sont des signes de quoi ? De l'action des corps étrangers et de l'action de nos organes se combinant, réagissant l'une sur l'autre, mêlant leurs effets. C'est pourquoi la perception extérieure ne nous fait point connaître l'essence intime des corps, et nous n'avons point le droit de supposer qu'à chaque sensation particulière que nous éprouvons corresponde hors de nous une qualité ou propriété spéciale de la matière. Nous savons même par l'expérimentation qu'un seul agent, comme l'électricité, produira en nous des sons s'il affecte l'organe auditif, des saveurs s'il affecte l'organe du goût, des odeurs, s'il affecte l'organe de l'odorat. C'est donc par une suite de comparaisons et de petits raisonnements de plus en plus rapides et de plus en plus sûrs (car l'expérience de tous les moments les réfute ou les confirme), que nous apprenons à interpréter les données des sens, pour discerner l'étendue, l'éloignement, la figure des corps, puis leurs propriétés physiques et chimiques. Si, par exemple, le son que nous entendons est distinct, nous pensons que le corps sonore est rapproché ; si le son est faible et confus, nous croyons que la personne ou l'action qui l'a émis est éloignée.

Ce travail d'interprétation est d'autant plus précis, on l'a vu, que nous pouvons mieux modifier nous-mêmes nos propres sensations par les mouvements imprimés aux organes sensoriels, quand ces organes sont soumis à l'action de notre volonté. Les perceptions dues au toucher sont les plus sûres de toutes, et c'est avec ces perceptions que nous vérifions toutes les autres. Pourquoi ? Parce que la main est le plus souple de nos organes et celui qui, obéissant le plus souvent à notre volonté, se prête aux expérimentations les plus délicates. L'esprit est donc toujours actif dans la perception extérieure ; et ce que nous croyons être une sensation primitive, indécomposable, donnée tout entière et d'un seul coup par un de nos sens, n'est le plus souvent qu'un assemblage de petites sensations reliées entre elles, organisées par l'imagination et la mémoire. Ainsi, un mouvement circulaire ne se perçoit pas, à proprement parler, puisque le cercle qu'il décrit n'existe jamais tout entier dans aucun des points que parcourt successivement le mobile. On peut même en dire autant de tout mouvement et de toute perception où il entre du mouvement. Bref, il n'est aucune perception qui se passe du concours des autres facultés : c'est ce qui explique les diversités, les erreurs, les maladies de la perception. Ce qui fait les illusions de l'homme distrait ou préoccupé, les illusions plus graves du fou et ses hallucinations, c'est, en effet, l'exagération de plus en plus grande de ce rôle de l'image, qui concourt toujours avec les impressions actuelles ou immédiates pour constituer ce que nous appelons nos *perceptions*.

La mémoire et l'imagination.

On vient de voir que la perception extérieure, même pour l'acquisition des connaissances élémentaires, ne peut se passer de l'imagination et de la mémoire : car les sensations actuelles n'ont de signification pour notre esprit qu'autant qu'elles se relient à des sensations antérieures, pour former avec elles un tout.

Il faut donc observer tout d'abord ce fait, que les états de conscience tendent à se renouveler, plus ou moins semblables à ce qu'ils ont été primitivement. Ce que j'ai vu ou entendu n'est pas toujours, il s'en faut de beaucoup, perdu pour moi, quoique je cesse de le voir et de l'entendre réellement ; je puis encore le voir et l'entendre d'une certaine façon, qu'il est permis d'appeler *intérieure*. Pris dans ce qu'il a de plus général et de plus simple, ce phénomène est une *représentation* (re-présentation), par laquelle une modification qui avait primitivement affecté mon être lui est *présente de nouveau*, quoique affaiblie. Voilà la base commune et de l'imagination et de la mémoire.

Une première loi gouverne toutes les variétés possibles de ce fait : c'est la loi d'*association*. Elle peut se formuler ainsi : *Toutes les fois que deux états de conscience ont coïncidé à un moment quelconque, l'un des deux ne peut être renouvelé sans que l'autre tende à se renouveler également.* Quand un animal a eu peur dans un endroit, il est difficile de l'y faire passer de nouveau sans qu'il soit de nouveau effrayé par le seul fait de s'y retrouver encore. Ainsi serions-nous tous et toujours, si d'autres opérations intellectuelles, des jugements, des raisonnements, des habitudes de toute nature, ne venaient enrayer ce penchant ou l'affaiblir ; mais il est aisé de le retrouver dans la complexité des faits auxquels il se mélange. Quand nous revenons dans une maison que nous avons soit habitée, soit simplement visitée jadis, *nous nous y voyons* encore tels que nous étions dans le temps passé, nous revoyons par la pensée ceux qui s'y trouvaient avec nous ; il nous semble même (et ce n'est pas une pure illusion) que nous allons éprouver encore les mêmes sentiments, les mêmes joies ou les mêmes douleurs que celles qu'il nous avait été donné d'y ressentir.

Si nous supposons une vie psychologique très simple, comme l'est celle de beaucoup d'animaux, nous pouvons la considérer comme remplie tout entière par ces représentations du passé, mêlant leurs excitations à celles des sensations proprement dites qui les ont rappelées par association. La suite de ces représentations constitue à la fois une imagination et une mémoire aussi rudimentaires l'une que l'autre.

Mais dans l'espèce humaine ce phénomène élémentaire subit un grand nombre de développements ou de métamorphoses, et on y peut distinguer deux séries d'opérations, qui se prêtent habituellement[1] un mutuel concours.

Tout d'abord, quand l'élément sensible de la représentation prend un certain relief, quand cette représentation tend à se rapprocher de la sensation primitive en en reproduisant plus fidèlement les caractères particuliers, elle reçoit de préférence le nom d'*image*. On appelle donc *imagination* l'ensemble de ces actes par lesquels *nous nous représentons des objets ou des phénomènes sensibles, tels que nous les avons sentis ou perçus*.

Mais il y a dans la production de ce dernier phénomène un très grand nombre de degrés.

J'ai entendu un air de musique, et il me semble que je l'entends encore, vaguement, faiblement : voilà un premier degré. Je me l'imagine avec plus de netteté et avec plus de force; les mouvements de ma tête marquent la mesure; je me fais un récit belliqueux, réveillant en moi les sentiments que cet air exprime : en voilà un autre. Un cerveau malade croira l'entendre; il l'entendra en réalité, quoique nulle voix et nul instrument ne le jouent autour de lui : voilà le degré extrême; c'est celui de l'*hallucination*. L'image, disions-nous, *tend* à se rapprocher de plus en plus de la sensation qu'elle reproduit. Or, ici, elle s'en rapproche tellement que l'individu ne sait plus établir aucune distinction. Dans la sensation proprement

---

1. Nous disons *habituellement :* car quelquefois l'excès de développement de l'une des deux nuit à l'autre, la trouble ou la dénature.

dite, le nerf sensoriel, excité par un phénomène extérieur,
transmettait l'impression jusqu'au cerveau : dans l'hallucination, c'est le cerveau qui se met spontanément dans l'état que
l'impression provoquait d'ordinaire en lui. Les amputés
souffrent quelquefois de la jambe qu'ils n'ont plus, parce que
le centre nerveux, qui subsiste, peut encore être affecté
comme par le passé. Ainsi, l'halluciné voit devant lui des fan-
tômes qui n'y sont pas, il entend des voix sans qu'aucune voix
fasse vibrer l'air qui l'entoure : tant son cerveau surexcité en
est arrivé à donner de force et de relief à la forme ou à la voix
que tout d'abord il avait simplement imaginée.

Mais l'image n'a pas besoin d'être portée jusqu'à l'hallucination pour produire un très grand nombre d'effets sur nos
diverses facultés.

Tantôt c'est l'image qui agit sur nos sens : car nous ne pouvons goûter, flairer, toucher, écouter, regarder quoi que ce
soit en imagination, sans que les organes correspondants
ébauchent les mouvements accoutumés de la dégustation, du
flair, etc. Pensons-nous à un air de musique qui nous est familier et agréable : nous battons la mesure. Nous représentons-
nous quelque chose de triste : nous fronçons le sourcil. Son-
geons-nous à un événement heureux : nous sourions malgré
nous. Nous ne pouvons non plus sentir une joie ou une douleur présente, éprouver une crainte ou une espérance, nous
laisser aller à une passion, à une haine, à un amour, sans
qu'une foule d'images plus ou moins confuses viennent redou-
bler, aviver, troubler quelquefois, quelquefois aussi calmer et
adoucir, presque toujours diversifier, par leurs influences rapides et changeantes, le sentiment que nous éprouvons.
Sommes-nous heureux de la présence d'un ami : nous bâtissons
mille projets qui, réalisés, doivent nous rendre encore plus
heureux l'un et l'autre. Voyons-nous un ennemi : notre imagination lui déclare la guerre et elle le bat, elle l'humilie, elle lui
impose des conditions qui le punissent, elle le voit renversé
et abattu, elle s'abandonne à tous les sentiments que développent la lutte et la victoire.

Tantôt c'est notre esprit qui s'empare de ces images, travaille à les retrouver et à les grouper, et, par l'effort même

qu'il fait pour les organiser, leur donne une signification, une expression particulières ; autrement dit, nous acceptons les images qui s'offrent à nous, et nous nous en servons pour exprimer sous une forme sensible ce qui ne tombe pas sous nos sens.

Cette imagination elle-même a plus d'une forme. D'abord simples spectateurs de la nature, nous pouvons, à travers les apparences qu'elle présente à nos sens, trouver des sentiments et des idées. Des sons frappent nos oreilles : nous imaginons aussitôt des sentiments mélancoliques ou belliqueux, tendres ou fiers. Voici un paysage où nos yeux ne voient autre chose que du ciel, de l'eau, de la terre et des arbres : notre imagination y trouve du calme ou de la grandeur, la promesse d'une vie modeste et retirée ou une vision de l'infini. Ici l'imagination accepte tout faits des tableaux qu'elle se borne à interpréter. Mais d'autres fois elle choisit et ordonne librement les images dont elle veut former un tout expressif : ainsi fait le musicien avec des sons, le peintre avec des lignes et des couleurs, le poète avec des mots, qui rappellent eux-mêmes à l'esprit des couleurs, des formes et des sons.

C'est par un développement différent que se constituent peu à peu *la mémoire* et les souvenirs.

D'abord, pour qu'il y ait acte complet de mémoire ou souvenir proprement dit, il faut que l'esprit *reconnaisse* cet état de conscience qui se renouvelle en lui : ce fait passé, cet événement disparu, ce personnage longtemps oublié qui se représente à lui, c'est bien le fait, l'événement ou le personnage qu'il a réellement connu : il le constate et s'en tient pour assuré.

Cette reconnaissance même implique une appréciation du temps qui s'est écoulé entre ces deux faits, dont le second n'est qu'une sorte de reproduction du premier. Cette appréciation est souvent vague et même inexacte. Mais la mémoire ne s'exerce jamais sans vouloir placer dans un certain endroit du temps le fait qu'elle rappelle à elle et ressaisit.

C'est que ce fait, ainsi rappelé par la mémoire, n'est point isolé. Quand nous cherchons, comme on dit, dans nos souvenirs, tous nos efforts tendent à reconstituer dans notre esprit le groupe d'événements, la suite d'idées dont faisait partie, à telle place, à tel moment, le souvenir que nous voulons préciser. Si nous pouvions monter et redescendre à volonté toute la suite de nos états psychologiques, si tous nos sentiments, toutes nos conceptions et tous nos actes se représentaient toujours à nous dans un ordre invariable, avec toutes les circonstances qui les ont précédés ou suivis, notre mémoire serait parfaite. Mais les lacunes sont nombreuses : de là l'oubli. Nous ne réussissons à combler ces lacunes et à être sûrs de nos souvenirs, qu'autant que nous pouvons retrouver dans ces derniers de l'ordre et de la suite. C'est ici surtout que la mémoire diffère de l'imagination : cet ordre auquel je reconnais l'exactitude de mes souvenirs, je ne le crée pas, il s'impose à moi et se refuse à se laisser intervertir. Quand j'imagine une scène, une aventure quelconque, je puis changer à mon gré les paroles et les actions des personnages, je puis les transporter ici ou là : car c'est moi qui les crée, ou tout au moins qui les invente, et je suis libre de les disposer comme il me plaît. Mais au passé tel qu'il a été, si je le revois clairement, je ne puis évidemment rien changer. Donc, plus la liaison de mes souvenirs se montre nettement et s'impose irrésistiblement à mon esprit, plus je suis certain de la fidélité de ma mémoire.

Ainsi, l'imagination se développe soit au hasard, c'est-à-dire en se laissant aller à la merci des excitations que lui apportent le tempérament et les circonstances les plus accidentelles, soit en vue d'exprimer, par des combinaisons harmonieuses et belles, les sentiments et les idées qui l'ont charmée. La mémoire cherche avant tout l'exactitude : car elle travaille à reconstituer le passé fidèlement, complètement, dans l'ordre même où se sont accomplis les faits qu'elle ne veut pas oublier.

L'imagination a donc tout d'abord plus de rapports avec la sensibilité; la mémoire en a plus avec l'intelligence.

L'abstraction et la généralisation.

Mais l'esprit humain ne se borne pas à percevoir les objets matériels ou ses propres états intérieurs, et à les retrouver ensuite dans son imagination et sa mémoire, tels qu'il les a perçus; il fait subir aux uns et aux autres un travail incessant, qui transforme les sensations perçues en *idées*. La première phase de ce travail est l'*abstraction*.

L'*abstraction* est une opération par laquelle l'esprit *considère isolément ce qui n'existe point isolément dans la nature*. Ce n'est pas là une opération savante, n'ayant sa place que dans le développement d'un petit nombre d'intelligences. C'est une opération commune, que toute intelligence humaine accomplit à tout moment de son existence. Un objet quelconque a frappé nos sens : notre esprit s'attache à en considérer tantôt un caractère, tantôt un autre, soit l'odeur, soit la résistance, soit la chaleur... Finalement, nous ne connaissons les corps que par leurs propriétés; et ces propriétés, nous les constatons l'une après l'autre : car nous n'avons de chacune d'elles une idée distincte qu'à la condition de la considérer à part, au moins quelques instants. Voici, par exemple, une pierre : elle sera pour nous un pavé, un caillou, un moellon, une arme (pour une fronde), du calcaire dur, du calcaire tendre, etc., etc., suivant que nous aurons fait attention à sa forme, à sa dureté, à sa composition : ainsi, dans un même homme, l'un verra son père, l'autre son fils, un autre son frère, ou un ami, ou un serviteur, ou un maître, ou un concitoyen.

Il y a cependant des degrés dans l'abstraction, comme il y en a dans tous les actes de notre esprit. Une idée est plus ou moins abstraite, suivant que le nombre des qualités qu'on a négligées dans son objet est plus ou moins considérable : plus une idée est *abstraite*, ou moins elle a, pour ainsi dire, d'éléments sensibles, plus il faut d'attention pour la comprendre et pour la suivre.

Les idées abstraites par excellence sont celles des mathématiques. Ces sciences laissent complètement de côté dans la matière une quantité considérable de propriétés, dont elles abandonnent l'étude soit à la physique, soit à la chimie, soit à l'histoire naturelle. La mécanique choisit pour objet de son étude le mouvement ; l'arithmétique, le nombre ; la géométrie, l'étendue. Encore, dans l'étendue, la géométrie peut-elle ne considérer que la *longueur* et la *largeur*, en négligeant la *profondeur* : c'est ce qu'on appelle la *surface* ; dans la surface décomposée, elle trouve la *ligne*, et dans la ligne, le *point*. Rien de tout cela n'existe isolément dans la nature ; et c'est cependant avec ces notions abstraites que se construit la géométrie tout entière.

Un homme qui ne voudrait s'attacher qu'à ce qui tombe sous les sens et sous l'imagination serait donc peu capable de suivre les progrès de la science, et encore moins capable d'y travailler.

En nous faisant décomposer les objets, pour en mieux voir toutes les qualités, l'abstraction nous permet de les *comparer* entre eux. Par elle, en effet, nous considérons successivement les ressemblances à part des différences, et les différences à part des ressemblances. Plus sont nombreuses en notre esprit les idées de telles ou telles qualités ou propriétés des choses, plus nous pouvons établir de points de contact ou de comparaison entre les choses, en nous demandant si elles ont ou non ces propriétés, à quel degré, à quelles conditions, etc.

En procédant ainsi, l'homme s'aperçoit que pas un être de la nature ne possède de caractères qui lui soient complètement propres et spéciaux. Tout attribut d'un être lui est toujours, dans une certaine mesure, commun avec d'autres êtres. Nous pouvons donc, par nos comparaisons, les rapprocher les uns des autres, ce qui nous permet de penser en même temps à tous ceux qui ont un même caractère : quand nous formons, par exemple, les idées de *chaleur*, de *pesanteur*, d'*électricité*, les idées de *haine*, d'*amitié*, de *bonté*, les idées de *propriétaire*, de *travailleur*, de *savant*, de *cultivateur*, à combien de choses ou de personnes ne s'applique pas notre idée ? Le nombre en est impossible à calculer. Par là donc, le travail de notre esprit est abrégé et rendu cependant plus fécond : car nous former de chaque être de la nature une idée spéciale

3.

serait absolument impossible. Cette opération, par laquelle nous concevons *des idées qui s'appliquent en même temps à un plus ou moins grand nombre d'objets*, s'appelle la *généralisation*.

Il est aisé de voir que toute idée générale est forcément une idée abstraite : pour trouver en quoi plusieurs individus se ressemblent et ne considérer que ce qu'ils ont de commun, il a fallu éliminer, par abstraction, tout ce qu'ils avaient de distinct et de différent. Ces deux opérations se tiennent donc de très près.

On distingue dans les idées générales l'*extension* et la *compréhension*. L'extension d'une idée consiste dans la propriété qu'elle a de s'étendre à un plus ou moins grand nombre d'individus; la *compréhension*, dans la propriété qu'elle a de comprendre un plus ou moins grand nombre d'attributs ou de qualités. Plus une idée a d'extension, moins elle a de compréhension, et réciproquement. Ainsi, l'idée d'*animal* a moins d'extension que l'idée d'*être organisé*, et elle a plus de compréhension. En effet, l'idée d'*être organisé* s'étend non seulement aux animaux, mais aux plantes; et, pour pouvoir s'étendre à un plus grand nombre d'êtres, il faut manifestement qu'elle contienne un moins grand nombre d'attributs : elle ne comprend pas, par exemple, l'idée de mouvement spontané ni celle de sensibilité. L'idée d'*animal*, à son tour, a plus d'extension que l'idée d'*homme*, et moins de compréhension : dans l'homme se trouve l'animalité, plus la raison, la liberté morale, etc. Aucune idée n'a autant d'extension que l'idée d'*être;* aucune n'a moins de compréhension.

C'est par le langage que se fixent dans notre esprit les idées générales. Nous avons vu des chênes grands et petits, des ormes et des bouleaux, des sapins et des frênes. Nulle part nous n'avons vu « l'arbre » qui ne serait pas l'un ou l'autre de ces arbres particuliers. C'est là cependant une idée dont nous avons besoin. Le mot par lequel nous la désignons nous la conserve et nous sert à la communiquer à nos semblables. D'autre part, on peut dire que c'est la généralisation qui crée le langage et se donne ainsi le moyen de mieux conserver les idées qu'elle a produites. Si nous en étions réduits à avoir de chaque idée particulière un idée particulière et individuelle, à supposer que cela fût possible, nous ne pourrions nous faire comprendre des autres hommes qu'en montrant les objets mêmes. Mais consacrer un mot à chacune de ces idées générales, c'est ce qui est beaucoup plus facile. Ce mot une fois choisi, nous avons, comme dit la grammaire, un *nom commun*, qui nous permet de désigner les objets absents ou invisibles, parce qu'il les fait rentrer dans un groupe déjà connu de notre interlocuteur comme de nous.

Aussi, les idées générales, loin d'être difficiles à obtenir et à concevoir, sont-elles « fort aisées à former, même pour les plus jeunes enfants, qui ne se servent guère que de termes généraux, comme *chose, plante, animal*, au lieu d'employer les termes propres, qui leur manquent [1] ». Les noms communs forment l'immense majorité des mots que renferme un dictionnaire ; on a même pu soutenir que les noms propres ont commencé par être tous des noms communs, plus spécialement appliqués par la suite à tel ou tel individu, puis à sa famille et à ses descendants.

Le jugement et le raisonnement.

L'intelligence ne peut s'exercer sans distinguer et comparer ; elle ne peut s'exercer non plus sans affirmer, implicitement ou explicitement, verbalement ou non. Quand nous percevons un objet, nous croyons, nous affirmons, intérieurement au moins, qu'il est là, à telle distance, ayant telles ou telles propriétés. Quand nous nous souvenons, nous croyons et nous affirmons encore, à part nous, que notre souvenir reproduit exactement tel ou tel fait du temps passé, et que nous le reconnaissons. Lors même que c'est notre imagination qui nous trace quelque fiction, nous croyons cette fiction possible, désirable ou haïssable, etc. En d'autres termes, toute opération intellectuelle suppose un jugement : car *le jugement* est une opération qui consiste à *affirmer quelque chose de quelque chose*. Si je nie que Dieu puisse être méchant, j'af-

1. LEIBNIZ.

firme par là même qu'il est bon. Les jugements négatifs eux-mêmes peuvent se ramener à cette définition : car nier, c'est encore affirmer qu'une chose n'est pas, et affirmer ce qui lui est contradictoire.

Le jugement dans la langue est exprimé par la *proposition*. Toutes nos paroles, tous nos discours, se réduisent à des séries de propositions exprimées ou sous-entendues; et la proposition est l'élément fondamental du langage, comme le jugement est l'acte fondamental de la pensée. Or, toute proposition comprend : 1° un *sujet*, exprimant la chose dont on affirme qu'elle est ceci ou cela; 2° l'*attribut*, exprimant ce que l'on affirme de la chose (la qualité qu'on lui attribue); 3° le *verbe*, opérant la liaison du sujet et de l'attribut. On sait que *verbe*, veut dire *mot* ou *parole* : c'est que le verbe est le mot par excellence. On a dit avec raison que « la faculté distinctive d'un être actif et intelligent est de donner un sens au mot *est*[1] ». C'est en le prononçant que nous lions des idées, que, non contents de laisser venir à nous et de contempler les phénomènes de la nature, tels qu'ils apparaissent à nos sens, nous les rapprochons ou éloignons, et nous prononçons sur les rapports qui les unissent. Supposons un être réduit à la seule vue ou intuition des objets : il n'y a pour lui ni erreur ni vérité. C'est donc avec le jugement que commencent la connaissance proprement dite et la science.

Pour affirmer une chose d'une autre, avons-nous toujours besoin de les avoir comparées toutes les deux, d'avoir pesé la première de ces idées, puis la seconde, et d'en avoir constaté les rapports mutuels et la convenance? Non. Il est un certain nombre de jugements que nous portons immédiatement, et sans comparaison préalable : car il est des cas où deux idées sont inséparablement unies, à ce point que pas une des deux n'aurait pu être intelligible sans l'autre. Ainsi, dans ces jugements : *je pense, je suis, les corps sont étendus*; il est impossible que j'aie eu d'abord l'idée de *moi-même*, puis l'idée d'*existence* ou l'idée d'une *pensée*, l'idée de *corps*, puis l'idée d'*étendue*. Je ne puis avoir connu l'existence et la pensée

1. J. J. ROUSSEAU, *Profession de Foi du Vicaire savoyard*.

hors de moi-même; c'est par un seul acte, susceptible d'analyse après coup, mais essentiellement un et indivisible, que j'ai perçu ces deux termes et leur rapport. De même, toute qualité que je constate pour la première fois, je ne la vois que liée à un sujet particulier; c'est en lui, c'est jointe à lui que je la connais. Ces jugements sont appelés *primitifs* ou *intuitifs*.

Mais, au fur et à mesure que ces premiers jugements se multiplient, les divers attributs que nous avons d'abord connus, en tant que liés à des sujets particuliers, se détachent peu à peu et deviennent en quelque sorte indépendants. L'enfant a senti que le lait était bon, que les caresses de sa mère étaient bonnes, que le jeu était bon : il comprend aussi peu à peu ce qui est bon et ce qui ne l'est pas. Ce sont ces idées abstraites et générales qui ne deviennent de nouveau des attributs qu'au prix de comparaisons préalables. Après avoir pris connaissance en moi-même de mes diverses pensées, je me forme l'idée de la pensée en général, et je puis me demander, par exemple, si l'animal, si la plante, pensent ou ne pensent pas, c'est-à-dire si l'idée que je me fais de la pensée et l'idée que je me fais, soit de l'animal, soit de la plante, se conviennent ou se répugnent. Les jugements de cette seconde espèce peuvent être appelés *comparatifs*.

Après avoir lié des idées pour en former des jugements, l'intelligence lie ensemble des jugements pour en former des *raisonnements*. Le *raisonnement* est donc au jugement ce que le jugement est à l'idée. C'est, par excellence, l'opération de l'esprit qui nous permet d'étendre nos connaissances; on peut le définir : *l'action d'aller du connu à l'inconnu.*

Mais tantôt ce qui nous est connu, c'est quelque vérité générale, et ce qui nous est inconnu, c'est telle ou telle vérité particulière, qui peut être contenue dans la première, sans que nous en ayons encore la vue claire et la certitude; tantôt ce qui nous est connu, c'est telle ou telle vérité particulière, et l'inconnu que nous cherchons à éclaircir, c'est la vérité générale dont elle fait partie. Dans le premier cas, nous raisonnons par *déduction* : c'est le *raisonnement déductif;* dans le second, par *induction* : c'est le *raisonnement inductif.*

Expliquons d'abord le raisonnement déductif. Tel individu, Pierre, qui en a tué un autre, a-t-il fait un acte permis? Voilà le cas particulier qui reste pour nous dans l'inconnu. Mais tout homme qui n'en tue un autre que pour sauver sa vie injustement attaquée, et n'agit que pour sa légitime défense, fait, nous le savons, un acte permis : voilà la vérité générale qui nous est connue. Il s'agit donc de savoir si cet individu a agi pour sa légitime défense : et alors, faisant rentrer l'inconnu dans le connu, nous affirmerons qu'il a fait un acte permis.

On voit, par cet exemple même, que pour aller du connu à l'inconnu, il faut un intermédiaire. Tout acte nécessaire à la légitime défense est un acte permis : voilà la vérité générale qui était connue. Pierre a fait un acte permis : voilà la vérité particulière qui ne sera connue que par le raisonnement. Pierre, en tuant son adversaire, n'a agi que contraint par sa légitime défense : voilà la vérité intermédiaire qui a conduit de l'une à l'autre. Soit encore le raisonnement suivant : Je sais que l'homme qui a l'habitude de mentir ne mérite pas confiance (vérité connue); Jean qui est venu m'apporter telle ou telle allégation, mérite-t-il confiance? Voilà l'inconnu que je veux dégager. Si je puis établir que Jean a l'habitude de mentir, ce sera la vérité intermédiaire qui permettra d'affirmer ce dont je doutais.

Quand on pose la formule d'un raisonnement déductif dans des formes aussi simples, les différentes vérités qu'il contient sont si rapprochées les unes des autres que l'esprit semble n'aller que du même au même. Et, en effet, nous nous apercevons que de ces trois vérités, ainsi disposées, la troisième rentre dans la seconde, laquelle rentre dans la première, donc que la troisième rentre dans la première. Mais le plus souvent la difficulté de la science est précisément d'établir la seconde vérité. Quand on rend la justice, par exemple, il s'agit de savoir si un tel a commis un vol, une escroquerie, un assassinat. Une fois ce doute éclairci, le raisonnement sera facile. L'assassin mérite la mort; or, Guillaume a assassiné : donc Guillaume mérite la mort. Mais il fallait établir, comme on voit, la vérité intermédiaire, et c'est là l'œuvre souvent longue et pénible de la justice.

Dans la déduction, nous tirons d'une idée générale une conséquence particulière. Dans l'induction, nous partons, au contraire, de tel ou tel fait particulier, et nous cherchons à trouver la loi générale en vertu de laquelle ce fait doit toujours se produire de telle façon, telles circonstances étant données. On a remarqué successivement, dans un certain nombre de faits ou d'expériences, que, quand on exerçait une pression sur un gaz ou une vapeur, ils se laissaient comprimer et diminuaient de volume, tandis qu'ils augmentaient de volume si la pression diminuait. On a cherché le lien de ces différents faits, et on a fini par en trouver la loi générale, qu'on a ainsi formulée : Les volumes que prend une masse de gaz sont en raison inverse des pressions qu'ils supportent. Ainsi encore, de l'examen d'un certain nombre de corps tombant dans l'espace, on a dégagé cette loi générale, que les espaces parcourus par les corps dans leur chute croissent comme les carrés des temps.

L'induction comprend donc deux ordres d'opérations : 1° constater entre deux ou plusieurs phénomènes un rapport tel, que les uns ne se produisent pas sans les autres, et que les uns étant donnés produisent nécessairement les autres ; 2° étendre ce rapport à tous les phénomènes vraiment les mêmes, dans quelque temps, dans quelque lieu qu'ils doivent se produire.

Cet acte complexe de l'esprit est dominé par le principe que voici : Les mêmes causes produisent les mêmes effets,[1] partout et toujours. Ce n'est pas uniquement dans les recherches de la science que nous l'appliquons. C'est en vertu de ce raisonnement que, depuis que je me suis brûlé une première fois, j'évite autant que possible le contact du feu ; que je continue à me nourrir des mêmes aliments, à me défier des mêmes personnes, à prendre dans les mêmes maladies les mêmes remèdes, et à adopter dans les mêmes circonstances les mêmes mesures que celles qui m'ont une fois réussi.

1. On ajoute quelquefois « dans les mêmes circonstances ». Mais cette addition, au fond, n'est pas nécessaire. Les circonstances où conditions comptent aussi parmi les *causes* du phénomène. L'identité des causes suppose donc l'identité des circonstances.

Ces deux modes de raisonnement se tiennent de très près : car, si l'induction est dominée par le principe général dont nous venons de parler, d'autre part, beaucoup de ces vérités générales, dont la déduction nous fait tirer des conséquences particulières, ont été acquises elles-mêmes par induction.

Les principes régulateurs de la raison.

La *raison* est essentiellement la faculté *de comprendre*, ou *d'établir entre les faits et les idées* des rapports tels, que l'esprit ne conçoive pas les uns sans les autres, autrement dit *des rapports nécessaires*. Le hasard établit souvent entre les faits des rapports accidentels, que nous remarquons, et qui s'imposent même quelquefois à notre mémoire ; mais ces rapports-là ne donnent la raison de rien, donc ne peuvent en aucune façon satisfaire ce que nous appelons *notre raison à nous*. Vous avez été malade hier. *A quoi cela tient-il ?* A ce qu'il a plu ? à ce que vous avez reçu telle visite, mangé tels mets, bu de telle boisson, etc ? De toutes ces circonstances, dont quelques-unes n'ont sans doute aucune valeur, et ne sont dues qu'au hasard, il faut distinguer celles qui ont eu avec votre indisposition un rapport, non pas accidentel, mais nécessaire : car, par exemple, si vous avez mangé au delà de votre faim, à plus forte raison, si vous avez bu d'une eau croupie et altérée, il était inévitable et nécessaire que vous en fussiez incommodé. Voilà la raison de votre maladie ; voilà ce qui nous fait comprendre que vous soyez tombé malade. De même vous trouvez que le mensonge est honteux. A quoi cela tient-il ? A ce que vous jugez que tout vice est honteux, et que le mensonge vous paraît un vice. Trouver la raison des faits, donner la raison de ses jugements, voilà donc, encore une fois, le travail de la raison humaine.

Ce travail s'opère dans un certain nombre de directions, il se conforme à certaines règles qui s'imposent à lui. Marquer ces directions, déterminer ces règles, c'est poser les principes directeurs et régulateurs de la raison. Ces principes sont autant de formes que nous donnons à l'expression d'un même besoin ou d'une même nécessité.

D'abord, le principe de *contradiction* ou d'*identité*. Ces deux expressions correspondent l'une à la partie négative, l'autre à la partie positive et active d'un même besoin. *L'intelligence ne peut affirmer en même temps deux choses contradictoires;* si elle a porté un jugement, elle ne peut donner son adhésion à un jugement contraire, à moins qu'elle ne renonce au premier. Je ne puis en même temps dire *oui* et *non* sur la même question, nier et affirmer la même proposition, prise dans le même sens. Si donc une proposition m'est montrée être identique à une autre proposition que j'ai reconnue vraie, il faut que j'accepte l'une en même temps que l'autre, sous peine de contradiction. Si je crois que le vol est punissable, je suis obligé de croire que Pierre, qui a volé, doit être puni. Notre esprit ne se borne pas cependant à cette espèce de résistance contre l'inintelligible, contre l'absurde; il s'efforce toujours de tirer parti des vérités dont il est certain, pour trouver d'autres vérités, dont l'identité avec les premières pouvait lui être jusque-là dissimulée. *Quand une chose est vraie, tout ce qui lui est identique est vrai aussi.* Si la ligne droite est le plus court chemin d'un point à un autre, il en résulte, par voie d'identité, que la base d'un triangle est plus petite que la somme des deux autres côtés. Le principe de contradiction ou d'identité est donc, on le voit, le principe régulateur ou directeur du raisonnement déductif. Il est l'expression abstraite de la nécessité où notre esprit se sent de se mettre d'accord avec lui-même.

Mais nous voulons comprendre la nature, comme nous voulons nous comprendre nous-mêmes; et, pour que nous la comprenions, il faut qu'elle soit d'accord avec elle-même, elle aussi.

Nous trouvons ici tout d'abord le principe directeur de l'induction : *Les mêmes causes produisent les mêmes effets.* Il est clair que si ce principe n'était pas admis par nous sans discussion, nous ne serions en mesure de rien affirmer sur ce qui peut se passer hors de nous : il n'y aurait aucun phénomène qui ne fût absolument remis en question à toute minute, nous ne comprendrions pas, enfin, comment l'univers peut subsister.

Mais ce principe même suppose d'autres vérités ou d'autres

principes. Les mêmes causes produisent les mêmes effets, disons-nous. Il y a donc des causes ? Oui : *Tout ce qui arrive a une cause.* Tel est le principe de causalité. Une chose sortie du néant toute seule, ce sont là des mots qui n'ont pour nous aucune espèce de sens. Le néant n'est rien : il ne peut rien en sortir. Aussi, toutes les fois qu'un événement quelconque se produit, en cherchons-nous la cause immédiatement, non seulement pour en trouver cette explication complète et suivie qu'on appelle la *science,* mais pour en avoir cette intelligence sommaire sans laquelle aucune prévision, aucune précaution, aucune conduite raisonnée ne serait possible.

Le principe, à son tour, se décompose en *principe des causes efficientes* et *principe des causes finales.*

Le *principe des causes efficientes* veut que tout phénomène soit précédé d'un autre phénomène sans lequel il n'aurait pu être produit : c'est là la forme du principe de causalité qui se présente à l'esprit la première. Le vent souffle dans l'endroit où je me trouve : ces mouvements ne se sont pas produits d'eux-mêmes ; ils ont été précédés et amenés par une rupture d'équilibre dans quelque endroit de l'atmosphère ; mais cette rupture d'équilibre elle-même tient à une différence de température entre deux régions voisines : par exemple, quand la température du sol s'échauffe, l'air en contact avec le sol s'échauffe également, puis s'élève, parce qu'il est plus léger, et il s'écoule vers des régions plus froides. Il y a là un enchaînement de faits ou de mouvements, qui peuvent se transformer et agir sur nos sens de bien des manières différentes, mais qui ne s'interrompent pas un seul instant. L'histoire du globe terrestre nous montre ainsi qu'il n'est pas un seul phénomène actuel, dans les mouvements du sol et des eaux, dont l'explication, si on la voulait complète, ne nous ramènerait en arrière, fait par fait, mouvement par mouvement, dans l'indéfini des temps passés. Mais cette vérification du principe de causalité par les nécessités des recherches scientifiques n'est pas ce qui constitue essentiellement la valeur du principe : c'est une loi fondamentale de notre raison, et qui préside dès le début à nos réflexions et à nos recherches.

Le *principe des causes finales* affirme que tous les phénomènes

simples concourent à former des phénomènes complexes, dont
la production future est leur raison d'être. L'explication d'un
fait quelconque n'est donc fournie que pour moitié par l'énu-
mération des faits qui, le précédant, le rendent possible; l'autre
moitié doit être fournie par les faits que, à son tour, il prépare
et rend possibles. Les parties successivement réalisées d'un
tout sont nécessaires sans doute à l'existence de ce tout; mais
si, d'autre part, elles ne tendaient pas à la constitution de ce
tout, ces parties n'auraient pour nous aucune raison d'être,
elles ne se comprendraient pas. Sans l'arbre total, par exemple, nous ne comprendrions ni les feuilles ni les racines.
Supposons un instant que notre pensée soit forcée de s'en tenir
à la considération des causes efficientes et du mécanisme
qu'elles constituent par leur enchaînement indéfini : nous comprendrons que les faits s'ajoutent aux faits, que le mouvement
persiste sans s'épuiser; mais rien ne nous garantira que ce
mouvement ne se dispersera pas dans des sens éternellement
divergents les uns des autres. « Par le mécanisme seul, nous
n'aurions aucune raison de croire à la permanence des espèces
vivantes, ni même au renouvellement des combinaisons qui
forment les corps bruts. » (LACHELIER.) C'est donc un besoin
vital de notre esprit de croire que la nature, aussi bien que
notre pensée, tend à former des touts stables, donc prévus par
avance. « Il faut que nous sachions à *priori* que l'harmonie est
l'intérêt suprême de la nature, et que les causes dont elle
semble le résultat nécessaire ne sont que des moyens sagement
concertés pour l'établir. » (ID.)

Un dernier principe est cependant nécessaire pour que l'ensemble de ceux qui précèdent satisfasse notre raison. De
causes efficientes en causes efficientes, de causes finales en
causes finales, remonterons-nous indéfiniment, sans jamais
pouvoir nous arrêter? Mais si toutes ces causes sont ainsi
expliquées les unes par les autres, sans qu'aucune d'entre elles
s'explique par elle-même, rien ne sera définitivement expli-
qué. Cette chaîne immense ne sera suspendue à rien. Il faut
donc s'arrêter à une *cause première :* voilà *le principe des principes.* « Quoique le présent mouvement, dit Leibniz, vienne
du précédent, et celui-ci encore d'un précédent, on n'en est

pas plus avancé, quand on irait aussi loin que l'on voudrait : car il reste toujours la même question. Aussi il faut que la raison suffisante, qui n'a plus besoin d'une autre raison, soit hors de cette suite de choses contingentes, et se trouve dans une substance qui en soit la cause, ou qui soit un être nécessaire portant la raison de son mouvement avec soi ; autrement, on n'aurait pas encore une raison suffisante où l'on pût finir. »

Suivant ce point de vue où nous nous plaçons, ce dernier principe nous apparaît sous un aspect ou sous un autre ; et nous le déclarons tantôt parfait, tantôt infini, tantôt absolu, tantôt nécessaire. Car dans la série des *causes secondes* [1] tout est imparfait, tout est fini ou borné, tout est relatif, tout est contingent. Mais le relatif suppose l'absolu, et l'imparfait n'est conçu par nous que comme une privation du parfait. Il y a donc une cause première qui, expliquant tout définitivement, s'explique elle-même, et qui n'est la raison suffisante de toutes choses, que parce qu'elle a en elle-même, dans son infinie perfection, la raison de sa propre existence.

V.

La sensibilité morale. — Sentiments de famille ; sentiments sociaux et patriotiques ; sentiments du vrai, du beau et du bien ; sentiments religieux.

La sensibilité physique est, nous l'avons vu, l'ensemble des plaisirs et des douleurs que nous fait éprouver la vie physique, la vie du corps, et des inclinations qui en découlent. La sensibilité morale, c'est l'ensemble des plaisirs, des douleurs et des inclinations que développent en nous la vie de l'esprit, ses besoins, ses nécessités, ses imaginations et ses croyances.

Pas plus que notre corps, notre esprit ne se suffit à lui-même. Aussi les premières et les plus fortes peut-être de nos inclinations morales sont-elles celles qui nous portent à aimer des êtres semblables à nous.

1. On appelle *cause seconde* celle qui exige, à son tour, une autre cause dont elle dépend.

Sentiments de famille.

Le sentiment de la famille vient en première ligne. Il est très complexe, et prend dans la vie des formes différentes, selon la situation que, aux époques successives de la vie, nous avons dans la famille dont nous sortons et dans celle que nous avons fondée.

C'est la nécessité d'abord qui nous attache à la famille : ceci n'a pas besoin d'être démontré ; c'est ensuite une reconnaissance réfléchie pour les bienfaits que nous en recevons, et un sentiment plus vague, parce qu'il est continu, de tout ce que peut la famille pour nous intéresser à la vie. Avant que nous puissions agir nous-mêmes avec efficacité, des êtres qui nous touchent de bien près agissent pour nous : leurs efforts, leurs qualités, leurs vertus, leurs travaux et leurs succès nous honorent, autant qu'ils nous servent. Nous sentons qu'on nous aime, et nous nous habituons à aimer autre chose que nous, à espérer, à craindre, à désirer, à vouloir en harmonie avec d'autres âmes, qui, plus avancées que les nôtres, nous élèvent graduellement jusqu'à elles. Le souvenir de cette heureuse dépendance (quoi que notre ignorance ait pu faire pour nous porter à y résister ou à nous en plaindre) devient de plus en plus doux, à mesure que nous avançons dans la vie, et que grandit, avec ses charges et ses soucis, notre responsabilité personnelle.

Mais, après avoir été dans la famille des êtres protégés et dirigés, nous devenons généralement des chefs chargés, à notre tour, du soin d'êtres plus faibles. Or, c'est une loi de notre sensibilité que nous nous attachons plus encore à ceux pour qui nous agissons qu'à ceux qui agissent pour nous. La vie de famille est pour le mari et la femme une occasion perpétuelle de dévouement réciproque : ils se donnent l'un à l'autre leurs pensées, leurs travaux, toute leur personne, enfin ; puis ils donnent en commun toutes leurs préoccupations et tous leurs efforts aux enfants qui sont issus d'eux. Aussi les sentiments de famille sont-ils les plus énergiques de tous. Ajoutons, d'ailleurs, qu'ils résistent plus que tous les autres à

l'influence de l'habitude, parce que les êtres qui nous sont
chers, en s'avançant dans la vie, réveillent à chaque instant
notre sollicitude; ils sont pour nous des sujets toujours divers
d'émotions inattendues.

Sentiments sociaux et patriotiques.

La famille cependant ne suffit pas à l'activité d'un homme
qui a conscience de tout ce qu'il est capable de faire. Pour
développer son intelligence, pour conquérir et dompter la
nature, pour embellir son existence, pour appliquer, s'il se
peut, et faire régner autour de lui ses idées, il lui faut le concours des autres hommes. Avant même qu'il obtienne leur
coopération et voie leurs efforts se joindre aux siens, en vue
d'un but déterminé, le spectacle de cette activité universelle
de la société lui est nécessaire; c'est à la fois un plaisir et un
stimulant : car un des sentiments les plus tenaces de notre
nature est la *sympathie*, tendance qui nous porte tous à
éprouver des dispositions analogues à celles qui se manifestent à nous dans le milieu où nous vivons. Cette sympathie
nous unit, pour ainsi dire, à toute la nature; nous sommes mal
à notre aise dans les ténèbres et dans le silence, parce que
nous y voyons, malgré nous, une image de la mort. Quand
nous entendons des sons languissants, nous sommes portés à
la langueur, tandis que des sons, vibrant avec énergie et rapidité, nous semblent émaner d'une force qui communique à la
nôtre sa vigueur et son élan. Plus les êtres en face desquels
nous nous trouvons ont de rapports avec nous, plus cette
sympathie s'accuse. Nous l'éprouvons plus vivement en présence de certains animaux que devant un être insensible; mais
c'est dans les relations d'homme à homme qu'elle produit le
plus d'effet. Ce spectacle de l'insuccès et de la souffrance
d'autrui nous abat, nous décourage; la vue d'un bonheur
souriant nous donne confiance. Un homme intelligent veut s'en-
tourer d'hommes intelligents; un enthousiaste ne peut supporter la compagnie de personnes froides ou apathiques,
parce que cette froideur et cette apathie, menaçant de se
communiquer à lui, quoi qu'il en ait, contrarient sa nature.

Bref, l'homme ne saurait penser, sentir et agir volontiers que
dans la société d'êtres sentant, pensant et agissant comme lui.
C'est ce qui fait que la sympathie touche de si près à la sociabilité.

L'homme ne vit cependant pas indistinctement avec d'autres
hommes quels qu'ils soient; il vit avec des concitoyens, dans
une *patrie*.

L'amour de la patrie ne se confond pas avec l'amour du
sol natal. Sans doute, l'homme aime les lieux où il est né,
parce qu'il aime sa jeunesse ; à mesure qu'il vieillit, il l'aime
et la regrette de plus en plus, elle et toutes les choses qui la
rappellent à son souvenir. Mais la patrie n'est pas seulement
la terre où l'on vit ; c'est l'ensemble des hommes avec lesquels
on est uni par des intérêts communs, mieux encore par des
idées, des passions et des gloires communes. Or, une pareille
union permet à l'homme d'étendre singulièrement sa puissance : elle lui donne les moyens d'agir de mille façons sur
un territoire étendu et sur des masses d'hommes considérables ; enfin, elle associe son orgueil à tout ce qui s'est
fait de grand et de bien dans son pays et par les hommes de
sa race.

La famille et la patrie n'épuisent pas encore tout ce que
l'homme a d'énergie pour se répandre hors de lui-même. Il
en est peu qui n'aient leurs goûts particuliers, leurs préférences secrètes ou avouées, leurs peines ou leurs jouissances
intimes : et à ceux-là il faut un confident plus sympathique,
choisi entre mille, assez semblable à eux pour les comprendre,
assez différent d'eux pour pouvoir les redresser et corriger
leur nature. Voilà l'*amitié*.

Sentiments du bien, du beau et du vrai.

Nos inclinations commencent à se développer naïvement,
c'est-à-dire sans que nous réfléchissions ni au profit que nous
en retirons, ni au bien qu'elles nous portent à accomplir.
Nous y cédons, parce que c'est la loi de notre nature ; puis, y
trouvant un plaisir et des avantages, que nous ne cherchons

pas, nous ne pouvons qu'y céder chaque jour plus volontiers, mais sans y apporter d'abord aucun calcul.

Il arrive pourtant un jour où la conscience de ce que nous faisons et de ce que nous sommes devient plus nette. Nous voyons de plus en plus clairement que nos actions peuvent tout à la fois assurer notre bien propre et personnel, et contribuer au bien général, dans une certaine mesure même à l'ordre universel, mais qu'elles peuvent aussi être dirigées de préférence tantôt vers le premier but, tantôt vers le second. Un penchant plus élevé que tous les autres se développe dans notre âme et invite, pour ainsi dire, les différentes forces de notre être à se dévouer pour une tâche plus noble et plus féconde que la satisfaction de nos désirs individuels. De nouveaux penchants, de nouveaux désirs, répondent à cette invitation : de là les sentiments du bien, du beau et du vrai et le sentiment religieux.

Le *sentiment du bien* vient naturellement de ce que nous faisons la distinction de ce qui est bon pour nous, à tel moment, sous tel rapport, avec ce qui est bon toujours et partout, de tout point, pour tous les hommes. Préférer ceci à cela, le bien en soi au bien partiel, c'est être prêt à sacrifier, s'il le faut, des plaisirs momentanés : aussi ce penchant n'est-il pas sans rencontrer dans nos inclinations subalternes, dans nos appétits, et surtout dans nos habitudes, une résistance sourde et obstinée. Mais alors il y a en nous lutte et souffrance. La lutte cessera de deux manières : ou par anéantissement graduel du sentiment du bien, qui nous laissera humiliés, dégradés, incapables d'aucun effort généreux ; ou par la domination définitive de l'amour du bien, domination qui nous rendra fiers de nous-mêmes et joyeux du bonheur que nous avons pu procurer aux autres.

Le *sentiment du beau* se développe dans l'âme, quand, habituée à une vie spirituelle plus intime et mieux ordonnée, elle veut trouver aussi en dehors d'elle, dans tout ce qui tombe sous ses sens, la réunion de ces deux caractères : la force et l'harmonie. Tout ce qui est incomplet et chétif, tout ce qui est désordonné et sans proportions, nous déplaît, et nous le qualifions de *laid* : soit, par exemple, un visage sans couleur, une physionomie sans mouvement ou déparée par des yeux trop petits, un nez disproportionné avec le reste de la figure, des bras trop longs, des jambes trop courtes, etc... En deux mots, la faiblesse et le désordre, voilà ce qui constitue la laideur ; et nous la fuyons, comme nous recherchons, au contraire, la beauté. Mais les phénomènes de l'univers ne peuvent satisfaire pleinement ce penchant nouveau. La nature, sans doute, renferme de beaux animaux, de belles montagnes, de beaux horizons, de beaux paysages. Mais le sentiment du beau est si impérieux chez l'homme, qu'il veut toujours plus beau que ce qu'il voit. Il s'applique donc à reproduire et à imiter les œuvres de la nature, mais en les transformant par les *arts ;* et il assujettit la matière à exprimer ses sentiments et ses idées, sous des formes puissantes ou gracieuses, belles, en un mot.

Le *sentiment du vrai* débute par la curiosité. Dès que nous avons conscience de notre intelligence, nous voulons connaître. L'enfant, dès qu'il prend possession de ses souvenirs, accable de questions ses parents et ceux qui l'entourent, et son esprit ne peut pas demeurer inactif. Mais il ne s'agit pas uniquement pour nous de repaître nos yeux et nos oreilles, et d'occuper notre attention ou de la distraire par des souvenirs ou des assemblages d'idées quelconques. Nous ne voulons pas seulement satisfaire notre imagination ; nous voulons contenter notre raison ; or, elle ne peut être satisfaite que par des idées d'accord entre elles et d'accord avec les faits, autrement dit par la vérité.

Sentiments religieux.

Le *sentiment religieux* vient couronner et achever ces inclinations. D'abord le sentiment et l'amour du beau ne sont, à tout prendre, que des formes variées d'une même tendance, qui nous porte vers l'idéal et la perfection absolue, c'est-à-dire vers Dieu ; mais le spectacle de la nature, autant que notre propre conscience, nous fait voir notre force à la fois soumise et associée à une puissance infinie ; et c'est aussi cette puissance que nous appelons *Dieu*. Il nous semble que rien ne peut être fait que par sa permission et par son ordre, et les lois de l'univers, dont nous entrevoyons à peine la grandeur et la majesté, souvent si terribles, sont pour nous des effets mystérieux de sa volonté. Mais, quoique son plan total nous reste inconnu, nous sentons cependant que, en faisant le bien, nous devons répondre à sa volonté et concourir à ses desseins. De la conscience de ce double rapport qui nous unit à lui émane un mouvement irrésistible par lequel notre pensée se porte vers lui. Ce penchant se retrouve chez les peuples les plus barbares, et il se retrouve toujours sous cette double forme : *l'adoration* et la *prière*.

Quand le sentiment religieux se mêle à nos autres sentiments, il les agrandit et les relève tous, parce qu'il entraîne toutes nos pensées et toutes nos forces vers le Bien idéal et suprême, où nous croyons fermement qu'est toute vérité, toute bonté et toute beauté.

VI.

La volonté. La liberté; l'habitude.

Nous avons vu comment l'activité physique naît et se développe dans l'être vivant, comme elle se traduit par les mouvements, par les instincts, par les habitudes corporelles. Il nous faut voir comment elle devient volontaire et libre.

La volonté.

L'activité devient volontaire, en prenant peu à peu conscience d'elle-même et *en devenant intelligente*. Dès qu'un être, au lieu de céder aveuglément aux impulsions de sa sensibilité, prend connaissance de lui-même se rend compte de ses besoins et de ses moyens d'action, il cesse d'agir instinctivement, et il réfléchit à la fois sur ses divers besoins et sur les meilleurs moyens d'y satisfaire ; il compare ces moyens les uns aux autres, il hésite, il tâtonne, il se représente

l'image de tel ou tel objet plus désirable ou plus à craindre que
ceux qui s'offrent actuellement à ses sens; puis il se décide à
agir, il veut agir; finalement, il agit, guidé par ses propres
conceptions, c'est-à-dire par un mélange de jugements, de
raisonnements, d'imagination et de souvenirs, gouvernés par
la raison. Telle est l'activité volontaire, qui n'est autre, comme
nous l'avons dit, que l'activité intelligente.

On comprend, en effet, que, si toutes nos facultés, en vertu
de certaines appropriations, tendaient d'elles-mêmes à des fins
déterminées, nous n'aurions pas besoin de réfléchir, et nous
ne réfléchirions jamais plus que nous n'avons besoin de le faire
pour respirer, par exemple. Mais nos facultés physiques elles-
mêmes sont des instruments que nous pouvons employer à
mille fins différentes, sans qu'aucune nous soit imposée et
en même temps rendue facile, comme l'est aux poissons la
nage, aux oiseaux le vol, etc. Nous sommes donc très prompt-
tement mis en demeure de réfléchir : nous distinguons les
unes des autres les satisfactions que nous nous sommes pro-
curées et les souffrances, non moins nombreuses peut-être, que
nous avons dû subir; nous en remarquons les causes, les
conditions et les effets. Nous rapprochons peu à peu les uns
des autres les objets qui nous *conviennent*, c'est-à-dire qui
nous semblent à même de nous procurer du plaisir, d'écarter
de nous la douleur, ou de perfectionner telle ou telle partie de
notre être si complexe. Mille occasions d'agir nous sollicitent :
nous jugeons que ceci convient à notre corps plus qu'à notre
esprit ; que cela développera telle de nos facultés plus que
les autres, ou même au détriment des autres; que cette action
nous profitera sans doute un instant, mais nous créera des
ennemis, et ainsi de suite.

Ainsi, en réfléchissant sur nous-mêmes, nous prenons peu
à peu possession de nos facultés, nous nous exerçons à les
diriger, et, en même temps, nous distinguons les divers buts
vers lesquels nous pouvons ou devons les conduire. Chacun
de ces buts à atteindre est conçu comme une *raison d'agir*
ou, suivant l'expression consacrée, comme un *motif;* la comparaison plus ou moins rapide de ces motifs constitue la déli-
bération, qui précède nécessairement la volonté.

Pour se rendre compte exactement de la nature de la volonté, il importe de la distinguer du phénomène qui l'accompagne le plus souvent, et se mêle avec elle, mais sans se confondre avec elle : nous voulons parler du désir.

On peut (et cela arrive très souvent) désirer une chose et ne pas la vouloir. Nos désirs ont aussi bien pour but les actions des autres que les nôtres ; nos volontés ne se rapportent qu'à nos propres actions. Si un maître dit quelquefois : Je veux que mes élèves travaillent et fassent des progrès, c'est qu'il est résolu à employer personnellement certains moyens qu'il croit propres à influer sur le travail et les progrès de ses élèves. Si on lui parle d'une classe qui n'est pas la sienne, et sur laquelle il ne peut rien, il se bornera à désirer que tout s'y passe convenablement. En d'autres termes, nous ne voulons que les choses qui nous paraissent possibles, et que nous sommes prêts à tenter d'exécuter. Nous désirons, au contraire, beaucoup de choses pour la possession desquelles nous ne ferons aucun effort, soit que le courage nous en manque, soit que nous sachions que ces efforts seraient inutiles.

Nous pouvons vouloir et même faire une chose opposée à nos désirs : ainsi, un peuple veut quelquefois faire la guerre et la fait, parce qu'il la juge inévitable ou nécessaire ; mais il se peut qu'il ne la désire pas, tout en la voulant. Quelquefois même on désire ne pas réussir dans ce qu'on est décidé à entreprendre.

Nous pouvons éprouver à la fois plusieurs désirs contradictoires, comme, par exemple, celui de nous amuser beaucoup et de conserver néanmoins la même aptitude au travail et aux pensées sérieuses. Mais dès que nous nous sommes déterminés à faire une chose, que ce soit à regret ou non, peu importe, la volonté a fait son choix, et ce choix implique élimination de tout ce qui n'est pas l'objet choisi. Une volonté qui se contredit n'existe plus, pour le moment tout au moins.

Enfin, la vivacité du désir n'entraîne pas toujours la force et l'énergie de la volonté, tant s'en faut ! il arrive même souvent que le désir, tout en excitant l'espérance ou la crainte, et même en exaltant l'imagination, ne développe que la partie la plus passive de l'homme, c'est-à-dire celle qui est la plus sujette et la plus docile à toutes les influences étrangères. L'homme alors ne se possède plus; dans le trouble ou la violence de ses sentiments, qui vont brusquement de la crainte à l'espérance, de l'enthousiasme à l'abattement, la lucidité de sa réflexion s'altère : par suite, son courage diminue, et sa résolution faiblit. En un mot, l'excès du désir compromet la volonté.

Mais, maintenant que nous les avons distingués avec précision, nous devons reconnaître qu'ils influent beaucoup l'un sur l'autre. Le désir sollicite la volonté, l'obsède et quelquefois l'entraîne. Souvent la volonté combat les désirs et leur résiste avec succès ; tantôt elle les développe, tantôt elle les comprime, suivant qu'elle leur accorde ou leur refuse satisfaction.

Une âme n'est forte et n'est heureuse qu'autant que ses désirs et ses volontés sont d'accord. Mais cet accord, qui doit l'établir? Évidemment, celle des deux facultés qui emprunte le plus à la réflexion et à la raison, c'est-à-dire la volonté.

La volonté exige donc des efforts suivis et d'attention et de courage : par suite, elle est inégale d'homme à homme, parce qu'elle se fait, pour ainsi dire elle-même, au lieu d'être créée et donnée d'un seul coup par la nature. Elle se développe et s'affermit peu à peu, tantôt s'affaiblissant, quand on s'abandonne à tous ses désirs, tantôt se consolidant, quand on a surmonté les résistances et triomphé des tentations; mais elle peut se perfectionner indéfiniment : aucun terme n'est assigné aux progrès de nos facultés, quelles qu'elles soient.

La liberté.

Ce que notre volonté s'efforce d'être ou de devenir de plus en plus, c'est d'être *libre*. Cette liberté dont nous parlons ici, ce n'est pas la liberté d'action, faculté d'agir et de se mouvoir sans être arrêté par des obstacles physiques; ce n'est pas la liberté civile ou politique, ou faculté d'exercer tous ses droits d'homme et de citoyen, sans en être empêché par les autres citoyens ou par le pouvoir; ce n'est pas, enfin, la puissance plus ou moins grande de nos diverses facultés (ces libertés-là ne dépendent de nous qu'en partie) ; c'est le *pouvoir qu'a notre volonté de se déterminer et de faire un choix par elle-même, sans y être forcée par aucune contrainte extérieure.*

On appelle plus particulièrement cette liberté *liberté morale,* parce qu'on voit de préférence en elle la liberté de choisir entre le bien et le mal, c'est-à-dire de faire de nos moyens d'action de toute nature un usage bon ou mauvais.

Ces moyens d'action, ce n'est pas nous qui les créons : notre constitution, œuvre de l'hérédité, notre éducation première, la condition sociale dans laquelle nous sommes nés, le milieu dans lequel nous jettent ou nous maintiennent des circonstances, amenées elles-mêmes par une multitude de causes, que quelquefois nous ne connaissons même pas : tout cela nous est donné. Ce qui ne nous est ni imposé ni donné, c'est la volonté de nous servir de tout cela, soit pour notre plaisir, soit pour notre intérêt, soit pour le bien en général. Il n'est rien, en effet, ni en nous, ni hors de nous, dont nous ne puissions faire, selon notre volonté, un bon ou un mauvais usage. Il en est que la richesse aide à bien faire; il en est d'autres qu'elle étourdit; il en est que la pauvreté stimule, comme il en est qu'elle décourage. Si je suis ardent et vigoureux par nature, la vie sédentaire, sans doute, me sera pénible, et il faudra que j'agisse, bon gré, mal gré; mais je puis aussi bien dépenser mon ardeur dans l'héroïsme que dans le crime. Je voudrai jouir à tout prix, de quelque manière que ce soit, ou j'entendrai conserver l'usage de ma pensée et la direction de ma conduite que compromettrait également l'abus des plaisirs des sens; je prétendrai ne m'occuper que de moi-même, ou je serai résolu à tenir compte aussi du bien des autres. Voilà les partis entre lesquels je dois choisir, dans quelque situation, encore une fois, que je me trouve : que je sois riche ou pauvre, instruit ou ignorant, fort ou débile, hardi ou timide, dans un temps de révolution, comme dans une époque pacifique.

Admettons que bien des actes me soient imposés : l'esprit dans lequel je les accomplirai, et l'*intention* que j'y mettrai, voilà du moins qui ne dépendra jamais que de moi-même.

Qui me le prouve, dira-t-on ? ma conscience. « Nous savons que nous sommes libres, a dit un philosophe ancien, avec autant de certitude que nous savons que nous existons. De même que nous distinguons entre un homme qui marche et un homme qui est poussé, de même nous savons quelle différence il y a entre un homme qui agit par son propre choix et de son plein gré et un autre qui n'agit que contraint et forcé. Nous discernons très clairement parmi nos actions quelles sont celles qui dépendent de nous et que nous voulons. »

La conscience, il est vrai, n'a pas toujours, à tous les instants de notre vie, une égale clarté. Mais peut-on dire que notre croyance à notre propre liberté soit un de ces faits qui paraissent évidents tout d'abord, et dont on doute au premier moment de réflexion ? C'est tout l'opposé. Quand on vit au hasard, et sans prendre souci de rien, on ne saurait dire si l'on exerce ou non un tel pouvoir : car on se laisse aller au gré des événements, l'on cède aux impulsions des circonstances, aux suggestions de sa fantaisie. Mais dès qu'on se trouve arrêté par une difficulté quelconque, et qu'on est obligé de réfléchir, le doute n'est plus possible. La preuve en est qu'on délibère, qu'on hésite, qu'on se consulte soi-même : on prend et on quitte alternativement la même résolution, suivant qu'on l'envisage sous un aspect ou sous un autre. Est-on sur le point de prendre décidément un parti : on subit déjà, par une sorte d'anticipation, le trouble du remords, ou bien l'on commence à s'enorgueillir et à se réjouir dans le sentiment du bien accompli; on entrevoit les conséquences heureuses ou malheureuses de son action. Qu'on se trompe ou non, peu importe : on sait du moins si l'on est sincère, et si l'on a fait ce que l'on pouvait pour s'éclairer. On sent donc qu'on tient dans ses propres mains son honneur et sa vertu : les tentatives qu'on ébauche pour trouver des encouragements ou des excuses à une résolution qu'on juge, malgré soi, mauvaise, ne réussissent pas à créer d'illusions sérieuses. Bref, on se sent responsable de ce qu'on va faire, et on est convaincu que si l'on fait mal, on ne saura s'en prendre qu'à soi. Ainsi, plus on réfléchit, plus on a conscience de sa liberté : cette conscience se manifeste par tout un groupe de sentiments très énergiques et très clairs, qui, sans l'existence de cette liberté intérieure, seraient absolument inexplicables.

La liberté morale est-elle la même chez tous les hommes et à tous les moments de leur existence? Non. Il est d'abord évident que si notre conscience est obscurcie, notre libre arbitre est affaibli dans la même proportion. L'enfant devient de plus en plus libre, au fur et à mesure qu'il se connaît, qu'il connaît ce qu'il peut et ce qu'il doit faire; mais, à coup sûr, il est un temps où il n'est pas libre encore. L'idiot ne l'est jamais; le fou l'est très rarement, et rarement aussi l'homme endormi, l'homme en proie à un accès violent de douleur ou de colère.

Si nous prenons l'homme adulte et sain, ce que nous trouvons de constant et de toujours identique en lui, c'est l'*aptitude* à *se libérer* de plus en plus de ce qui asservit sa volonté; c'est la *possibilité* de faire effort pour s'approcher, degré par degré, d'une liberté idéale dont il a l'idée, et qui consisterait en un accord parfait entre la sensibilité, la volonté et la raison, mais sous la domination de la raison. Suivant que nous mettons plus ou moins d'énergie, de suite et de constance à vouloir ce qui nous semble le meilleur, nous fortifions ou nous affaiblissons notre propre liberté. Il est des hommes qui ont acquis sur eux-mêmes un tel empire, que rien ne saurait les ébranler; ils sont affranchis de tout entraînement et de toute séduction. Il en est d'autres qui, à force de céder, ne sont plus capables de résister. La liberté morale peut donc, comme toutes nos autres facultés, se fortifier ou s'affaiblir, en vertu des lois de l'*habitude*.

L'habitude.

Nous avons vu, à propos des mouvements physiques, que l'*habitude* est une tendance acquise à répéter un mouvement, et qui s'accroît par la répétition même. Or, cette tendance ne se manifeste pas seulement dans les mouvements corporels; elle est aisée à constater dans tous les actes de l'être vivant, sensible, intelligent et volontaire.

Toute énergie a besoin de se sentir pour tendre volontiers à s'exercer. Or, plus une énergie se déploie et produit d'effets, plus elle se sent; plus sa tendance, par conséquent, s'accuse. Si elle vient, par hasard, à être arrêtée, ce changement place l'être dans un état opposé à celui où se complaisait déjà son activité : de là une sorte de malaise, suivi d'un effort marqué pour en sortir par la répétition des actes aimés. Au contraire, moins une énergie a d'occasions de se développer, moins elle se sent : sa tendance à s'exercer doit donc diminuer de plus en plus.

C'est, en général, par d'insensibles transitions que nous contractons nos habitudes. Ainsi, dans la gymnastique, dans la musique, dans les exercices militaires, dans les commencements de la lecture et de l'écriture, dans l'étude des langues, on *décompose* les difficultés et les mouvements, pour que le corps et l'esprit se plient successivement aux uns et aux autres. L'individu traverse de la sorte un certain nombre d'états intermédiaires se convenant, s'associant entre eux. Au fur et à mesure qu'on sent que ces états se complètent mutuellement, on passe de l'un à l'autre avec une aisance et une promptitude toujours croissantes. Chacun d'eux devient insensiblement la suite, attendue et désirée, du précédent. L'effort et la réflexion deviennent également inutiles, et nous courons, en quelque sorte, d'une idée à une autre, comme d'un mouvement à un autre, sans même essayer de repasser par les efforts d'autrefois. Par exemple, écrire l'orthographe devient une affaire d'habitude. Bien souvent, si l'on réfléchit à la manière d'écrire un mot, l'on hésite, parce qu'on ne retrouve pas les raisons (quelquefois très lointaines ou même très capricieuses) de l'usage; mais si on laisse courir sa plume, la main reproduit d'elle-même, et sans se tromper, l'orthographe accoutumée.

Quelquefois les transitions par lesquelles il nous faudrait passer sont trop nombreuses et trop pénibles, nous n'y sommes pas assez préparés par nos habitudes antérieures. L'habitude, alors, est difficile, sinon impossible à contracter. Aussi remarque-t-on que la plupart des crimes sont commis par des *récidivistes*, c'est-à-dire par des hommes punis plus d'une fois pour infractions aux lois. Les ramener au bien est une tâche malaisée. Aussi n'apprend-on jamais avec facilité ce qu'on n'a pas au moins commencé d'apprendre étant jeune. Il y a, enfin, des choses auxquelles on voit que tel ou tel individu ne s'habituera jamais, parce qu'elles sont trop contraires non seulement à ses habitudes invétérées, mais à sa nature. Certaines organisations, par exemple, sont rebelles à la musique; et, quoiqu'il soit toujours possible de redresser, de corriger ou de perfectionner les aptitudes natives, il y a des limites (plus ou moins rapprochées selon les individus) qu'il est impossible de dépasser. D'autres fois, au contraire, l'habitude se contracte presque immédiatement : c'est que nous y sommes prédisposés par nos manières d'être et nos habitudes antérieures. Les transitions sont si nombreuses et si aisées, que nous les franchissons sans même nous en apercevoir.

L'habitude peut beaucoup pour améliorer et développer l'intelligence, parce que l'intelligence est une suite d'opérations actives où une attention soutenue et bien dirigée est la condition de tous les progrès. Un esprit qui a contracté l'habitude de la clarté et de la suite dans ses idées, ne peut supporter les points obscurs et les lacunes dans les raisonnements qu'il a commencés. Quant à la mémoire et à l'association des idées, elles ne sont, à vrai dire, que des cas particuliers de la loi d'habitude : car, pour retrouver les souvenirs, il faut avoir établi entre eux des rapports auxquels se soit accoutumée l'intelligence. Or, nous apprenons d'autant plus vite, et nous nous rappelons d'autant plus facilement, que nous comprenons mieux ce que nous apprenons. Qu'est-ce à dire, sinon que nous contractons d'autant plus volontiers l'habitude de penser à une idée, que nous la trouvons plus conforme à la raison et à la nature de notre esprit ? C'est donc partout la même loi.

Tous les faits que nous venons d'exposer relèvent de l'activité. Mais on a observé bien des fois que si la répétition, mère de l'habitude, fortifie l'activité, elle affaiblit, ou, comme on dit, émousse la sensibilité. S'habituer au spectacle de la douleur, par exemple, c'est ne plus sentir ce qu'il y a de pénible dans le sentiment de la pitié ; et, si l'on s'endurcit à la souffrance, d'autre part, la continuité du plaisir engendre l'indifférence, ou quelquefois même le dégoût. Mais ceci n'est pas un phénomène nouveau : une seule et même loi explique ces deux genres d'effets, si différents en apparence, de l'habitude. Rappelons d'abord que la douleur vient d'une certaine contrariété sentie, d'un obstacle contre lequel notre activité se sont arrêtée. Or, ici deux cas peuvent se présenter. Tantôt l'activité se décourage, languit et s'éteint : l'obstacle alors n'est plus senti, et la douleur s'évanouit : c'est ce qui fait que, dans les maladies graves, la suspension de la douleur est si souvent un symptôme funeste, et que la disparition de tout repentir et de tout remords chez un scélérat montre que la conscience est comme morte à tout jamais. Tantôt notre activité se fortifie assez pour triompher de l'obstacle : la douleur s'affaiblit donc; et, bien plus, si ce triomphe est suivi d'un développement énergique et aisé, la douleur fera place au plaisir. Mais le plaisir, comme la douleur, est-il condamné à s'affaiblir ? Oui. Quand on a joui longtemps du même plaisir, il faut, soit laisser la sensibilité se reposer et se réparer, pour ainsi dire, dans l'abstinence, soit trouver un plaisir plus vif. Mais ce dernier parti n'est sans danger que si les facultés, dont l'action procure la jouissance, peuvent sans cesse retrouver des forces nouvelles. Autrement, l'individu en arrive vite à l'épuisement et au dégoût.

VII.

Conclusion de la psychologie ou dualité de la nature humaine : l'esprit et le corps; la vie animale et la vie intellectuelle et morale.

La psychologie vient de nous montrer dans une même créature, l'homme, deux ordres de phénomènes : activité physique et sensibilité physique, d'un côté ; intelligence, sensibilité morale et volonté, de l'autre. Ces deux ordres de phénomènes se prêtent un mutuel concours, et l'harmonie entre ces deux parties de l'être humain est nécessaire à son bien total. Il importe néanmoins de distinguer ces deux modes d'existence : est-ce un même principe qui pense et qui digère ? La vie animale et la vie intellectuelle sont-elles confondues l'une avec l'autre ? La science spéculative et la morale sont également intéressées à la solution de cette question.

Dualité de la nature humaine : l'esprit et le corps.

Qui est-ce qui pense en nous ? Est-ce le cerveau ? Est-ce le corps tout entier ? Est-ce une matière spéciale que la chimie n'a pas encore pu décomposer ? Est-ce un principe incorporel et inétendu, est-ce une âme ? Commençons par nous rappeler quels sont les caractères des faits d'intelligence et de volonté que nous avons étudiés : nous constaterons facilement que ces faits sont tels, qu'ils ne peuvent pas ne pas dépendre d'un principe un, simple et identique.

Il n'y a évidemment en moi qu'*un* être pensant, et c'est ce même être qui sent et qui veut. Quand je délibère avec moi-même, j'ai beau être assailli de mille souvenirs, tenté par des désirs contradictoires, sollicité par des imaginations de toute nature, c'est bien moi qui suis l'unique sujet de ces phéno-mènes simultanés ou successifs, qui, pour vouloir, m'inspire de mes besoins et de mes désirs et m'éclaire par mes raison-nements. Loin que la concordance et l'harmonie de tous ces faits soit nécessaire pour me donner l'idée de mon unité, je ne la sens jamais plus que quand je suis comme tiraillé en sens divers et que je fais de pénibles efforts pour mettre la paix dans mon existence : j'y trouve une preuve sans réplique que je suis bien un seul et même être intéressé au dévelop-pement plus ou moins énergique et plus ou moins régulier de toutes mes facultés.

On dit, en reprenant les vers de Racine, qui lui-même tra-duisait un Apôtre :

O Dieu! quelle guerre cruelle :
Je sens deux hommes en moi!

Si même on analyse tout ce que l'hérédité a pu mettre en chacun de nous de prédispositions et de tendances venues de tel ou tel de nos parents, c'est beaucoup plus de deux hommes que je sens se disputer dans la lutte de mes passions.

Mais remarquons bien ce mot, expression d'un fait parfaite-ment clair : *je sens deux hommes en moi*. L'être qui dit *je*, et qui aperçoit en lui-même, sous un seul point de vue, cette multiplicité d'influences, peut bien avoir conscience des liens qui l'unissent à une collection plus ou moins grande ; mais, en lui-même, il est bien véritablement *un*, et d'une *unité absolue*. En un mot, la conscience que nous prenons de nous-mêmes est bien le signe irrécusable d'une existence une et simple, qui, si elle n'est pas la seule force constituant le composé humain, en est au moins la force dominante, celle dont le développement et dont le règne est l'évidente fin de toutes les autres.

Si, au lieu de considérer nos rapports avec l'intérieur de notre propre existence, nous prenons nos rapports avec le dehors, nous arriverons à une même conclusion. Les phéno-mènes extérieurs à nous qui viennent affecter nos sens se subdivisent en une multitude de vibrations ou de mouvements infiniment petits. Mais quand je perçois un son, un *sol* ou un *la*, par exemple, ma perception est une. Le fait de la pensée, et, on peut ajouter, celui de la sensation, ne sont, d'ailleurs, comme Leibniz l'a dit, que ce rapport même, cette correspon-dance de l'unité interne avec la multiplicité extérieure. Et cette unité interne, elle se perçoit directement, elle a con-science d'elle-même, elle affirme sa propre existence. Un composé peut avoir, à mes yeux, pour moi qui le contemple, une apparence d'unité. Je dis : Voici un tas de pierres, parce que je perçois en même temps les pierres qu'on y a rassem-blées : c'est donc ma pensée qui apporte avec elle cette unité. Mais si l'unité du composé perçu n'est que relative, celle de l'être percevant et pensant est absolue, parce qu'elle se saisit directement par la conscience qu'elle a d'elle-même, et que c'est à elle, à l'unité de son acte, qu'elle rapporte l'unité fac-tice des composés qu'elle construit ou qu'elle perçoit.

Ce principe unique de la pensée est simple : il ne peut pas ne pas l'être. Prenons, par exemple, le jugement, qui est l'o-pération fondamentale de l'intelligence. Si le principe qui juge est composé de parties, chacune de ces parties apercevra-t-elle en même temps les deux termes et leurs rapports ?

Alors il y aura autant de jugements que de parties. Une partie verra-t-elle un élément, une autre l'autre ? Alors qui fera la synthèse ? Il faut toujours en revenir à un principe simple, dans lequel et par lequel les éléments complexes de toute pensée sont rapprochés les uns des autres et compris dans un acte indivisible. On peut faire le même raisonnement pour toutes les opérations de l'intelligence ; on peut le faire pour la volonté, on peut le faire même pour la moindre sensation.

Enfin, le principe des opérations intellectuelles ne peut pas disparaître pour faire place à un autre qui ne durerait lui-même qu'un certain temps. C'est un seul et même principe, qui pense, qui sent et qui veut en nous dans toute la durée de notre vie : c'est ce qu'on appelle l'*identité*. Tout raisonnement, par exemple, est successif; or, il faut bien que ce soit le même être qui pense le principe, puis les données de la question, puis la conclusion. Mais notre existence intellectuelle est une suite de raisonnements qui se tiennent et se continuent. Quel est donc le travail de la pensée qui se comprendrait sans l'identité? « La mémoire nous conduit à la même conclusion. Je ne me souviens que de moi-même, a très bien dit Royer-Collard; les choses extérieures, les autres personnes, n'entrent dans ma mémoire qu'à la condition d'avoir déjà passé par la connaissance : c'est de cette connaissance que je me souviens, et non de cette chose elle-même. Je ne pourrais donc me souvenir de ce qu'un autre que moi a fait, dit ou pensé. La mémoire suppose un lien continu entre le *moi* du passé et le *moi* du présent. Enfin, nul n'est responsable que de lui-même : s'il l'est des autres, c'est dans la mesure où il a pu agir sur eux ou par eux. Comment pourrai-je répondre de ce qu'un autre a fait avant que je fusse né? » (P. JANET.) Et cependant quand un homme quelconque est convaincu d'avoir commis tel crime dix, vingt, trente ans auparavant, ni la société, ni lui-même ne doutent un seul instant qu'il en soit demeuré responsable.

Tout ceci étant posé, redemandons-nous qui est-ce qui pense et qui veut dans la personne humaine? Évidemment, ce n'est pas la matière corporelle : car cette matière n'a ni unité, ni simplicité, ni identité. Elle se compose d'une infinité de molécules qui ne font que traverser l'être vivant dans un flux perpétuel, si bien que le corps est tout entier renouvelé, disent les physiologistes, au bout de sept ans. Il y a, sans doute, un rapport étroit entre le corps et l'âme, qui, suivant l'expression de Bossuet, forment un tout naturel; mais il est clair pour nous que ce n'est pas le corps qui est le principe dont l'esprit ne serait qu'une manifestation : c'est dans l'âme, puisqu'elle est une et simple, qu'est la raison d'être et le principe de l'ordre imposé au composé instable du corps humain. C'est ce principe spirituel qui maintient sous sa dépendance les éléments inférieurs et émanés d'organes multiples et toujours renouvelés; c'est à lui que tous sont accommodés et adaptés. C'est, enfin, grâce à son unité et à son identité fixes et permanentes, qu'une certaine forme durable est imposée à ce flux perpétuel de matière qui ne fait que traverser l'être vivant.

La vie animale et la vie intellectuelle et morale.

Il y a en nous un principe spirituel distinct de la matière et cependant uni à la matière, car il la vivifie et l'organise. Toute la vie du corps a visiblement pour fin de préparer à l'esprit des moyens d'action qui lui permettent de se développer dans ce monde sensible, sous les conditions du temps et de l'espace : la vie du corps ou vie animale doit donc être subordonnée à la vie intellectuelle ou morale ou vie de l'esprit. C'est là l'évidente conclusion de toute la psychologie.

Chez les animaux proprement dits, les organes tendent et arrivent d'eux-mêmes à leur fin, et cette fin n'est autre que l'entretien et la perpétuité de l'organisme représenté par chacun d'eux. Les sens de la bête, par exemple, sont admirablement organisés pour lui rendre plus faciles ses divers moyens d'existence. Quand le carnassier a découvert et saisi la proie que son odorat lui avait révélée, sa nature est pleinement satisfaite, et il peut dormir jusqu'à ce que, de nouveau, la faim le fasse sortir de son repaire. Il suffit de jeter un coup d'œil superficiel sur l'homme pour s'apercevoir que chez lui la vie animale ne peut être sa propre fin à elle-même. Ses sens ne lui donnent d'indication précise qu'à la condition que son intelligence en interprète, en classe, en organise les données. Cette intelligence, d'ailleurs, a une puissance dont les effets dépassent de beaucoup les exigences de la vie physique. N'employer cette intelligence qu'à s'assurer des satisfactions corporelles, c'est tout à la fois nuire au corps, en lui donnant plus qu'il ne lui est nécessaire, et nuire à son intelligence en la laissant s'user et dépérir dans l'inaction. Mais si nous donnions moins au développement de l'intelligence, retrouverions-nous, comme quelques esprits l'ont rêvé, une existence animale plus robuste, plus simple, et, pour ainsi dire, plus innocente? Certainement non. L'intelligence disparue ou affaiblie laisse l'homme en proie à une sorte d'inquiétude douloureuse, incohérente, tour à tour indolente et furieuse, toujours impuissante. Il est bien prouvé aujourd'hui que tel est l'état où arrivent les hordes sauvages, quand dispersées, séparées les unes des autres, condamnées à lutter péniblement pour l'existence, elles sont privées de ce qu'on appelle la *civilisation*. La vie civilisée, c'est essentiellement la vie de l'esprit cultivé, ne méprisant pas la matière, mais la redressant, l'ordonnant, l'embellissant : car la suprématie de la vie intellectuelle et morale ou de la vie de l'esprit est la première condition de notre bien-être corporel même. C'est là une vérité que l'expérience prouve tous les jours, et qui ne peut s'expliquer que par l'existence d'un principe spirituel destiné à l'immortalité !

Cette suprématie de la vie de l'esprit ne s'obtient pas sans peine : car entre le physique et le moral la lutte est de tous les instants.

Rappelons-nous ce que nous avons dit sur les conditions physiologiques de nos diverses facultés. L'intelligence ne s'exerce pas sans le concours des sens, dont elle doit vérifier, comparer, classer attentivement les données. Or, nos sens, s'ils préparent l'action de l'intelligence, résistent aussi à cette action, la troublent par leurs exigences, la paralysent par leur inertie. Leur faiblesse nous fait sentir promptement la fatigue; puis ils se laissent réveiller par des sensations violentes, mais fugitives, qui les occupent sans profit : ils aiment et nous font aimer la *distraction*, qui nous donne quelquefois un repos nécessaire, mais trop souvent nous fait perdre l'habitude et le goût du travail suivi, c'est-à-dire utile. Ainsi encore nous ne sentons et nous ne voulons qu'avec la conscience plus ou moins obscure des forces dont nous disposons pour agir. Mais le sentiment de ces forces peut nous tromper, soit parce qu'une cause accidentelle, inconnue peut-être de nous, leur apporte une surexcitation momentanée, soit parce que nous en avons compromis depuis longtemps l'efficacité, faute d'exercice, et que le seul fait de ne pas avoir confiance en leurs ressources bien employées les met dans un état de langueur, facile pourtant à dissiper avec une minute de courage.

Ainsi, le corps et l'esprit réagissent continuellement l'un sur l'autre. « L'imagination est comme le lien interposé entre deux natures, l'une animale, l'autre intelligente. L'imagination, subordonnée, d'une part, à la sensibilité intérieure, est mise en jeu par les mêmes mobiles d'excitation et se proportionne à toutes ses dispositions variables. Mais, d'autre part, l'imagination est subordonnée à l'activité de l'âme, qui peut la diriger, la régler, la mettre elle-même en jeu au moyen des signes volontaires dont le moi dispose, ou qui donnent une prise directe à son action sur la reproduction des images, et, par là, indirectement sur les affections et les sentiments qui s'y trouvent associés[1]. » Plus encore que l'emploi des signes, du langage et de l'art, l'*idée* contemplée et méditée nous aide à mettre la paix dans le conflit du physique et du moral. Nous sommes placés toute la vie dans cette situation confuse et pleine d'angoisse : nous désirons la paix, nous en avons besoin, nous la voulons : l'efficacité de notre action, de notre dignité, notre bonheur, sont à ce prix; et cependant nous sommes remplis de désirs contradictoires, parce que chaque parcelle de nous-mêmes veut tout à la fois vivre avec les autres et vivre pour elle. Si nous nous abandonnons, nous flotterons indécis, toujours ballottés d'un rêve à l'autre par le flux et le reflux de nos passions, ou bien ce sera notre tempéra-

---

1. MAINE DE BIRAN, *Rapports du Physique et du Moral de l'Homme.*

5.

ment, ce sera la sympathie provoquée par les exemples de ceux, quels qu'ils soient, qui nous entourent, ce sera une impulsion maladive, ce sera le hasard, enfin, qui provoquera dans notre esprit quelque imagination dominante, par laquelle nous nous laisserons entraîner malgré nous vers quelque but inconnu. Si nous *savons* ce que nous voulons, et si nous nous appliquons à ne jamais perdre de vue l'idée claire et distincte du bien, dont il n'est point, en somme, si difficile d'acquérir une connaissance suffisante, l'imagination, orientée par cette idée, mettra bientôt à son service, avec ses représentations et ses tableaux, les attraits dont elle dispose : les sens, émus et réglés par les images, se mettront eux-mêmes à l'unisson, et tout viendra concourir à la consolidation d'un état général dont l'unité fera la puissance.

Ainsi, le désordre de l'esprit amène le désordre de la santé; par contre, l'exercice actif et bien entendu de la pensée contribue plus que toute autre chose à entretenir le bon état du corps. « Combien de fois, dit encore Maine de Biran, n'ai-je pas observé sur moi-même qu'un travail intellectuel, entrepris en faisant violence à l'inertie la plus marquée des organes ou à un état affecté de troubles, de malaise, de souffrance, amenait, après des efforts opiniâtres et prolongés, un état d'activité, de sérénité, de calme et de bien-être intérieur. L'équilibre des facultés de l'esprit, résultat d'une sage direction et de bonnes habitudes intellectuelles, l'harmonie constante entre les idées et les sentiments moraux, concourent merveilleusement à produire et à maintenir cette autre espèce d'harmonie et d'équilibre entre les fonctions des organes et les effusions immédiates de la sensibilité qui sont la condition de toute existence heureuse. »

Pour conclure, la vie animale de l'homme, si l'on peut s'exprimer ainsi, a tout à gagner à accepter docilement la suprématie et la direction de la vie intellectuelle. Celle-ci, à son tour, pour être à même d'exercer heureusement cette suprématie, doit maintenir en elle un équilibre harmonieux; mais l'harmonie ne peut être obtenue dans un être intelligent que par la subordination des efforts à une idée claire : cette idée directrice, quelle sera-t-elle ? Simplement la conscience que l'âme a d'elle-même, de sa spiritualité, de sa liberté et de son immortalité. Là est le devoir, là est la responsabilité ; mais là aussi est la dignité, et là est la force avec la consolation et l'espérance.

APPLICATION

DES NOTIONS DE PSYCHOLOGIE

A L'ÉDUCATION

CHAPITRE Ier.

Éducation physique.

Qu'est-ce que l'Éducation?

L'homme, dont nous venons d'étudier la nature, naît *petit*. Il s'agit de le faire grandir et de *l'élever*. Pour qu'il devienne tout ce qu'il est destiné à être et tout ce qu'il peut être, il lui faut l'aide de ses parents et l'aide de la société. Ni son corps, ni son intelligence, ni son cœur, ni sa volonté ne peuvent se passer de ce double concours : cela est tellement évident qu'il est superflu de le démontrer.

L'éducation est donc une préparation à la vie. C'est le devoir, et c'est aussi l'intérêt des générations adultes de préparer les enfants à devenir des hommes. Ceux qui naissent ont besoin de ceux qui ont grandi ; mais ceux qui ont grandi ne tarderont pas à avoir besoin des plus jeunes. Ils en auront besoin, non seulement pour le soulagement de leur faiblesse, mais pour l'achèvement de leur tâche en ce monde, pour la continuation de ces œuvres intellectuelles et civilisatrices dont l'amour peut seul donner du prix à la vie.

L'éducation doit préparer l'homme à la vie complète. Entendons par là qu'elle ne doit négliger aucune de ses facultés : en effet, aucune de ses facultés ne peut se passer du concours des autres. Une fois élevés, les enfants développeront l'une ou l'autre de leurs aptitudes ; ils tireront de leurs ressources diverses le parti qu'ils voudront et qu'ils pourront. Mais, dans quelque situation qu'ils se trouvent, tous devront agir, tous devront penser à ce qu'ils auront à faire, tous devront réfléchir et raisonner, tous devront croire à quelque chose, tous devront mériter la bienveillance et le respect de leurs semblables par leur empressement à leur témoigner eux-mêmes leur respect et leur bienveillance. Il faut donc préparer les enfants à devenir des êtres actifs, intelligents, sociables et moraux, c'est-à-dire véritablement des hommes.

Ce sera encore les préparer à la vie complète que de leur donner un égal souci de leur perfection et de leur bonheur : car l'homme est un être qui se sent appelé à faire sans cesse de nouveaux progrès vers le bien, et on ne lui persuadera jamais qu'il ait tort d'aspirer à être heureux. Les deux choses se tiennent. Un être intelligent ne pourra sacrifier définitivement son bonheur propre à une perfection dont il lui serait impossible de jouir; il ne peut non plus être heureux s'il perd ou sacrifie un bien dont il a l'idée, et auquel il se sent capable de participer.

Peut-on se flatter, dira-t-on, de devenir parfait? Ne serait-ce pas orgueil et déraison que d'y prétendre? Soit : on ne doit pas y prétendre, mais on doit y tendre. Cette perfection, dont l'idée s'impose à nous, nous en sommes assurément éloignés; mais c'est précisément pour cela qu'aucune limite ne saurait être assignée à nos efforts. Avons-nous beaucoup appris, beaucoup acquis, avons-nous donné beaucoup de bons exemples : il nous reste toujours à faire, car plus notre valeur augmente, plus s'impose à nous le devoir d'en tirer parti. Jamais un maître ne sera trop bon maître; jamais un ouvrier ne sera trop bon ouvrier; jamais un soldat ne sera trop bon soldat, c'est-à-dire trop discipliné, trop attentif et trop brave. Il faut donc de bonne heure apprendre à l'enfant (c'est là le fond de l'éducation) à ne jamais se contenter de ce qui est inférieur à ce qu'il peut faire. Il faut lui apprendre à n'être heureux que lorsqu'il est fier de ses efforts et à distinguer ainsi le bonheur de l'homme du plaisir de la brute.

Cette perfection et ce bonheur exigent que l'homme vive à la fois pour lui et pour ses semblables. L'individu n'est com-

plot, il n'est fort, il n'est instruit, il n'est heureux qu'en société. D'autre part, la société ne saurait prétendre devenir
forte avec des individus faibles, instruite avec des individus
ignorants, heureuse avec des individus opprimés et dégradés.

L'homme complet, c'est encore un être composé d'un corps
et d'une âme. Il faut subordonner le corps à l'âme : car ce qu
pense, ce qui aime, ce qui invente, ce qui commande, est plus
parfait que ce qui digère. Mais l'un ne peut se développer sans
l'autre. Un corps souffrant dispute à l'âme non seulement son
bonheur, mais son activité et sa liberté. Les souffrances sont
inévitables : il faut donc habituer l'âme à les mépriser et à les
dompter si elle le peut : elle prendra dans ses efforts mêmes
un surcroît de force et de dignité. Mais l'homme qui est, à
tout prendre, un être faible, ne doit pas inutilement courir
au-devant du danger. Il n'est réservé qu'à des natures supé-
rieures et tout à fait rares de développer une âme vaillante et
féconde dans un corps faible. La vie humaine est surtout faite
d'action, car il faut vivre, et, pour vivre, il faut lutter. Or,
pour l'action et, à plus forte raison, pour la lutte, la force
physique est indispensable.

Ainsi, l'*éducation c'est la préparation de l'enfant à la vie
complète, en vue de sa perfection et de son bonheur, comme en
vue de la perfection et du bonheur de la société.*

Pour cette préparation de l'enfant, il faut compter sur l'expérience, dont on lui communiquera les résultats; mais il faut
compter plus encore sur le concours qu'on s'efforcera d'obtenir de lui. On se sert de la pensée des autres, mais à condition
de penser aussi par soi-même en réfléchissant aux leçons qu'on
a reçues et en se préoccupant de les appliquer. L'éducation
que nous venons de définir est donc impossible si on ne réussit
pas à encourager chez l'enfant l'usage personnel et volontaire
de toutes ses facultés.

Cette vérité a frappé tous les bons esprits. Il arrive même
souvent que, considérant dans l'éducation les moyens plus
encore que le but, on insiste davantage sur la nécessité de
développer chez l'enfant l'effort personnel. On dit alors que
l'éducation est l'art de donner à l'enfant le goût et l'habitude
d'user par lui-même de toutes les ressources de sa nature. Ce

qui importe, dira-t-on, dans l'éducation, c'est moins d'apprendre à l'élève telles ou telles choses que de lui inspirer le besoin d'apprendre et de réfléchir. Mais ces nouvelles définitions de l'éducation peuvent rentrer dans celle que nous donnons plus haut : car un être humain qui resterait passif et n'agirait pas par lui-même ne saurait jamais être un homme complet, à plus forte raison parfait. La société ne pourrait compter sur son concours actif, il ne serait jamais capable de lui rendre, dans une proportion suffisante et digne de lui, une partie de ce qu'il en a reçu.

L'Éducation physique.

L'éducation physique a pour but de seconder chez l'enfant le *développement régulier de toutes ses forces corporelles*. Nous disons : de seconder, car la vie se développe d'elle-même, et il est bon de ne pas trop se défier des ressources qu'elle tient de la nature. Mais les dangers sont nombreux; ils viennent de mille accidents qu'il est difficile de prévoir : car les conditions extérieures qui nous sont faites subissent l'influence d'agents physiques obéissant eux-mêmes à des lois très diverses; ils viennent des imprudences et des fautes des autres, ils viennent enfin et surtout peut-être des nôtres. Pour parer à ces dangers, il faut :

1º Écarter le plus que nous pouvons les causes de maladies;

2º Entretenir l'activité de nos organes;

3º Leur donner, s'il est possible, un surcroît de force et d'énergie.

De là trois choses nécessaires ou très utiles : l'*hygiène*, l'*exercice* et la *gymnastique*.

Hygiène générale.

Si la médecine est l'art de guérir les maladies, on peut dire que l'*hygiène* est l'art de les prévenir.

Il y a plus d'une subdivision dans l'hygiène : car les âges, les sexes, les milieux, les professions, connaissent des périls

spéciaux, contre lesquels il est bon de les avertir et de les prémunir. C'est ainsi qu'on distinguera une hygiène publique ou
ensemble des connaissances et des habitudes, qui « assurent,
dit Littré, la santé des populations considérées en masse »; puis
l'hygiène militaire, l'hygiène industrielle, l'hygiène rurale...;
cette dernière indique « les conditions de salubrité pour les
gens de la campagne, quant à leurs logements, à leurs travaux, aux fumiers, aux eaux... ». Mais, au-dessus de ces études
particulières, il y a une *hygiène générale*, qui s'adresse à tout
homme sans exception et lui donne les moyens de conjurer,
autant que possible, les causes d'affaiblissement et de maladie
qui nous menacent tous.

La vie est un effort continu, par lequel l'organisme s'accommode au milieu qui lui est fait (à l'air, par exemple et à la
température) et en tire le parti le meilleur. Il y a donc deux
choses à considérer dans l'hygiène : le milieu extérieur et les
organes qui sont obligés de s'y adapter quand on ne peut pas
le modifier.

L'homme est un être intelligent et libre : il peut d'abord,
dans une certaine mesure, choisir son milieu, et il peut l'amé-
nager. Ainsi, c'est choisir son milieu que de se loger, que de
se placer dans un endroit bien aéré et bien éclairé. Il n'est
pas nécessaire d'être physicien ou chimiste pour sentir qu'on a
besoin de respirer et pour savoir que l'air qui entre dans les
poumons renouvelle, quand il est pur, le sang et les forces.
Tout le monde sait également que ce qui blesse les sens est
presque toujours nuisible à la santé, etc. Qu'est-ce qui fait
que ces prescriptions si faciles à comprendre sont méconnues ?
Une chose très répandue, plus difficile à combattre que l'ignorance, et qu'on appelle l'*incurie*. Que l'incurie soit l'effet de la
paresse pure ou d'une espèce de vanité mal placée, qui s'imagine n'avoir jamais besoin de prendre aucune précaution, elle
est aussi fâcheuse pour le physique que pour le moral. Le
premier soin de celui qui veut convertir à l'hygiène les individus dont il a la charge doit donc être de leur faire contracter de bonnes habitudes. Qu'il se souvienne du mot de
Jean-Jacques Rousseau : « L'hygiène est moins une science
qu'une vertu. »

Il va sans dire que les habitudes à faire contracter ne sont pas tout à fait les mêmes quand il s'agit d'écoliers des villes et d'écoliers de la campagne. Aux écoliers de la campagne il n'est pas besoin de recommander les promenades et le grand air, ni la régularité et la simplicité de vie. Il faut plutôt leur rappeler que rien n'est fatal, que rien, comme le disent si volontiers les gens superstitieux, n'est « écrit », que la santé la plus robuste a ses écueils, et qu'en revanche il est peu de maladies qui ne puissent être prévenues ou guéries. Aux enfants des centres populeux, il faut conseiller, au contraire, l'amour de la régularité en toutes choses; il faut leur démontrer l'inutilité ou plutôt l'influence pernicieuse des excitants, le danger des excès momentanés suivis ou précédés de l'abstinence; mais à tous il faut recommander, il faut imposer la propreté.

La propreté suppose deux soucis : 1º le souci d'éviter ce qui est indécent, ce qui marque de la négligence pour soi et du mépris pour les autres; 2º le souci d'éviter et d'écarter de soi ce qui est malsain.

Cette seconde préoccupation est celle qui touche de plus près à l'hygiène proprement dite. L'instituteur en renouvellera l'intérêt par une exposition très simple des découvertes les plus récentes. Les dernières doctrines médicales, en effet, mettent en lumière deux découvertes capitales : 1º ce que nous appelons en dehors de nous, et trop souvent à côté de nous, la *saleté*, n'est pas une chose inerte : c'est un ensemble de produits ou de petits êtres vivants (des microbes) qui pullulent, en attendant qu'ils nous envahissent et qu'ils se multiplient dans notre corps même pour en troubler les fonctions, quelquefois pour en désorganiser les tissus; 2º si la vie dont notre corps est animé fabrique avec les aliments la substance utile de nos organes, si elle fait, par exemple, des os, des muscles, des nerfs, cette fabrication (comme toute autre) laisse après elle des déchets, des scories : ce sont là des résidus plus qu'inutiles, ce sont des commencements de putréfaction, qu'il est indispensable d'éliminer ou de consumer. Lorsque la vie est active, lorsque les fonctions sont régulières, lorsque le milieu où nous respirons est bien choisi et bien tenu, lorsque la peau est toujours en état d'établir entre le

dedans et le dehors le genre de communication pour lequel
elle est faite, lorsque le sommeil est assez long et assez calme
pour être réparateur; alors ce travail d'assainissement interne
se fait de lui-même. Il est également compromis par l'inertie
et par l'excès, par la paresse et par l'imprudence; il est surtout compromis par la saleté.

En d'autres termes, notre nature a deux genres d'ennemis :
1° l'*ennemi du dehors*, amené par les épidémies, par les maladies
contagieuses, par les parasites, par tous ces animalcules, infiniment petits, qu'a découverts le génie de M. Pasteur; 2° l'*ennemi du dedans*, qui est presque toujours un produit mal éla-
boré, mal aménagé de nos fonctions vitales. La propreté fait
donc beaucoup pour les conjurer l'un et l'autre.

Ce qui y contribue encore puissamment, c'est l'*ordre*.
L'ordre consiste à mettre chaque chose à sa place, à faire
chaque chose à son heure, à distribuer toutes ses occupations
d'après leur importance respective, en subordonnant l'accessoire à l'essentiel. Au point de vue spécial de l'hygiène, l'ordre
suppose une prévision intelligente qui empêche les efforts inutiles et à contresens, qui double les effets réparateurs du
sommeil et de la nourriture par la régularité, par le choix,
par la proportion et la qualité[1]. La qualité ne veut pas dire
ici le *raffinement*, mais un juste soin de ce qui est nécessaire.

Il est vrai que l'action du maître peut être ici plus
limitée en bien des points que l'action du père et de la mère.
Il peut néanmoins beaucoup, car il peut inspirer des goûts, et
il peut faire contracter des habitudes. Là où il est évident que
l'enfant a fait ce qu'il a pu, là où ce que l'on peut regretter est,
par exemple, l'effet certain de la pauvreté des parents, il faut
soigneusement s'abstenir d'humilier personne. Mais le maître
doit apprendre à chaque élève à tirer bon parti de tout et à
ne rien détériorer inutilement. Puis, quelle est l'école où l'on
ne puisse apprendre pratiquement les usages multiples de
l'eau, où l'on ne puisse faire sentir efficacement ce qu'il y a
d'utile dans le passage périodique et régulier de l'exercice au

1. La qualité du sommeil repose plus que la quantité.

repos, dans le renouvellement de l'air respirable, et ainsi de suite ? Rien de tout cela ne souffre d'être dédaigné.

La propreté et l'ordre ne peuvent aller, nous l'avons dit, sans l'*activité*. L'activité, avant d'être nécessaire à l'accomplissement de nos différents devoirs, est donc nécessaire à l'hygiène. Pour résister à toutes les causes extérieures de trouble, au refroidissement par exemple, il faut que l'organisme, comme disent les médecins, *réagisse*, c'est-à-dire redouble, en quelque sorte, d'efforts, et contre-balance par là l'effet de l'agent pernicieux. Plus généralement encore, tout organe, pour accomplir ses fonctions, a besoin d'exécuter une suite ininterrompue de mouvements : un organe qui devient « paresseux » ne tarde pas à porter un grave préjudice au corps tout entier. — Les mouvements des organes internes ne dépendent pas de nous, dira-t-on. — C'est une erreur. D'abord la régularité dont nous parlions tout à l'heure les entretient et tout à la fois les ménage : elle ne les laisse point se rouiller, elle ne les fatigue point par des efforts inutiles. Ainsi quelqu'un qui mange et qui se couche toujours aux mêmes heures a toujours un bon appétit et un bon sommeil et dans la mesure où il le faut. Il en est ainsi de toutes les fonctions. Mais ce n'est pas tout. Il est incontestable que l'activité même que nous déployons extérieurement, volontairement, dans les exercices que nous imposons à notre corps, développera en nous une énergie qui se communique du dehors au dedans. C'est ce que l'illustre médecin Trousseau exprimait d'une façon très heureuse quand il disait : « On digère avec ses jambes autant qu'avec son estomac. »

L'hygiène n'est donc qu'une partie de l'éducation physique : elle en appelle une autre qui est l'exercice, accompagné du jeu.

Exercices de l'enfant.

« Exercer » quelqu'un, cela veut dire le former et le rendre apte à un art quelconque, puis éprouver cette aptitude en la mettant à l'œuvre. On appelle donc du nom d'*exercices* les mouvements combinés et suivis par lesquels se fait cette préparation. Les exercices militaires (on les désigne quelquefois par ce simple mot *l'exercice*) doivent mettre le jeune soldat en état de faire tout ce que réclame l'art de la guerre. Ainsi encore des exercices musicaux assouplissent les doigts, forment l'oreille, développent la mémoire spéciale du musicien.

Mais avant tous ces exercices particuliers, il en est qui doivent entretenir les forces corporelles dans leur ensemble, et les rendre aptes à bien exécuter toutes les fonctions essentielles de la vie. Dans un grand nombre de circonstances, le médecin se borne à dire à un malade ou à quelqu'un qui se croit tel : « Faites de l'exercice, prenez de l'exercice. » Il est bon de ne pas attendre ce conseil : il est bon de veiller à ce que les enfants fassent toujours un exercice suffisant.

Est-ce pour leur donner plus d'activité ? C'est surtout pour régler et pour assouplir par de bonnes habitudes leur activité naturelle et la rendre capable de certains efforts nécessaires.

L'enfant n'est pas seulement actif, il est remuant; et le maître a en général beaucoup plus de peine à le tempérer qu'à le stimuler. Mais il importe que cette disposition se traduise par des mouvements qui lui profitent. Pourquoi l'enfant prend-il si aisément des habitudes insignifiantes, niaises (puériles, dit-on avec raison), quelquefois même inconvenantes, malsaines et enfin dangereuses ? Parce que c'est là pour lui, quand il est mal élevé, la seule manière, qui lui soit connue ou qui lui soit facile, de satisfaire son besoin d'action et de remuement. Ce besoin, il faut en tenir compte, puisqu'il est dans la nature, mais il faut lui donner des satisfactions qui conviennent aux exigences d'une bonne éducation, et d'abord aux exigences de l'éducation physique.

À quoi donc doit être exercé un enfant qui veut devenir un homme ? A user de ses jambes et de son corps pour fournir sans fatigue une marche raisonnable, à courir sans être menacé de perdre aussitôt haleine, à porter des fardeaux, à lancer des projectiles, à nager, à manier un instrument ou un outil sans fatigue inutile et avec un commencement de dextérité. Ce sont là autant de manières de développer les forces de l'enfant et de lui apprendre à s'en bien servir en les appliquant convenablement.

On voit souvent sur les promenades des villes des officiers qui apprennent aux conscrits toutes sortes de mouvements très simples. Ils se donnent beaucoup de mal pour les habituer à ne pas faire d'efforts disproportionnés et superflus, à ne pas déployer une raideur disgracieuse et fatigante dans la préparation de leurs manœuvres ou dans le maniement de leurs fusils. Surveiller de bonne heure les mouvements des écoliers, c'est donc économiser à l'instruction militaire de la jeunesse un temps de plus en plus précieux.

Jeux de l'enfant.

De tous les exercices qui peuvent concourir à cette première partie de l'éducation physique, il n'en est pas qui mérite plus d'être encouragé que le *jeu*.

Le grand poète allemand Schiller allait jusqu'à dire que l'homme n'est véritablement homme que lorsqu'il joue. Il entendait, à la vérité, par *jeu* l'exercice aisé et naturel de nos puissances, quand chacune d'elles, disait-il, se meut en liberté et s'accorde avec toutes les autres sans les contraindre, sans les étouffer, sans leur imposer de loi tyrannique. Or, une pareille activité, il ne la trouvait que dans l'art. C'est bien dans la jouissance des œuvres d'art, en effet, que toutes nos facultés se sentent satisfaites, sans que l'intelligence fasse aucun tort à la sensibilité, sans que le raisonnement affaiblisse l'imagination; le plaisir qu'on éprouve est tout pénétré d'idée et ennobli par la réflexion. Mais, sans aller si haut, on peut dire que les jeux de l'enfance sont comme les essais d'un art naissant, où toutes les facultés se trouvent à l'aise et où toutes se développent en harmonie. Ou encore : le jeu est l'art de l'enfant, comme l'art est le jeu de l'homme instruit et pleinement civilisé.

Un homme qui a consacré toute sa vie à l'éducation des enfants arriérés et infirmes, disait très justement : « Le jeu est l'acte le plus essentiellement spontané et original de l'enfance[1].» Qu'entendait-il par là? Le jeu est l'acte le plus spontané de

1. SÉGUIN.

l'enfance, car c'est celui qu'il accomplit de lui-même, sans qu'on l'y pousse ou qu'on l'y force. C'est aussi, et par cela même, le plus original, parce que c'est celui où l'enfant met le plus de lui-même, de son tempérament, de son caractère, de sa manière de sentir et de juger, on peut même ajouter de sa conscience.

C'est pourquoi les hommes les plus éminents ont toujours trouvé dans cette étude des jeux des enfants le sujet d'observations si fines et si pénétrantes. Que dit notre grand moraliste La Bruyère ?

« La paresse, l'indolence et l'oisiveté, vices si naturels aux enfants, disparaissent dans leurs jeux, où ils sont vifs, appliqués, exacts, amoureux des règles et de la symétrie, où ils ne se pardonnent nulle faute les uns aux autres..... Dans leurs jeux ils sont de tous les métiers, soit qu'ils s'occupent, en effet, à mille petits ouvrages, soit qu'ils imitent les divers artisans par le mouvement et par le geste; qu'ils se trouvent à un grand festin et y font bonne chère; qu'ils se transportent dans des palais et dans des lieux enchantés; que, bien que seuls, ils se voient un riche équipage et un grand cortège; qu'ils conduisent des armées, livrent bataille et jouissent du plaisir de la victoire; qu'ils parlent aux rois et aux plus grands princes; qu'ils sont rois eux-mêmes, ont des sujets, possèdent des trésors qu'ils peuvent faire de feuilles d'arbre ou de grains de sable; et, ce qu'ils ignorent dans la suite de leur vie, être les arbitres de leur fortune et les maîtres de leur propre félicité. »

Revenons à l'éducation physique : le jeu est certainement ce qui en assure le mieux l'heureux développement. Il entraîne à l'action et à une action dans laquelle l'enfant met un certain ordre : car tout jeu, organisé par les enfants mêmes, a des règles dont aucun n'a le droit de se départir selon son caprice. Assurément il distrait, et il risque de faire oublier quelquefois l'heure de l'étude. Mais cette heure-là, le maître a le pouvoir de la rappeler. En attendant, l'essor et la gaieté, on peut même dire l'ivresse innocente et saine du jeu, font oublier bien des choses qui méritent, en effet, d'être oubliées, l'ennui, le découragement, la rancune, la colère, sans compter

les tentations de mal faire, les ruses et les escapades défen-
dues.

Pour que le jeu ait toutes ces vertus, il faut qu'il soit désin-
téressé, qu'il soit actif, qu'il mette en mouvement le corps
tout entier. « Il faut encore que ce jeu soit varié, intéressant,
passionnant, pour mieux dire ; qu'il développe manifestement la
force et l'adresse ; qu'il mette tous les muscles en action. Il faut
qu'il puisse se jouer en plein air pour y donner son maximum
d'effet ; il faut enfin qu'il soit assez difficile à pratiquer dans la
perfection pour se prêter à des efforts prolongés ou assidus
et faire de celui qui y excelle un véritable artiste en son
genre.

« La réunion de ces qualités est à ce point indispensable,
qu'il suffit du manque d'une seule pour rendre le jeu insuffisant. » Qu'on ne craigne pas d'examiner à ce point de vue les
jeux qui sont ou devraient être en usage dans nos écoles.

« Par exemple, les *barres* sont un excellent exercice, très
français, très excitant. Il en est de même de la *corde qu'on
tire*, des *brigands*, du *cache-cache;* mais tous ces jeux ont le
grave défaut d'être monotones. Passé un certain âge, les enfants s'en lassent : ils n'y trouvent plus de variété, ni l'occasion d'atteindre à une supériorité, à une virtuosité visible.

« Le *jeu de paume,* au contraire, possède toutes les qualités
requises. Il est amusant au possible et se prête à toutes les
combinaisons. On peut le jouer en plein air comme à couvert.
Plus on le pratique et plus on y devient adroit, plus on l'aime.
Les hommes faits et les vieillards eux-mêmes y sont aussi
ardents que les enfants. Les spectateurs prennent à le voir
presque autant de plaisir que les acteurs. Il a été pendant des
siècles l'amusement favori et la véritable école musculaire de
tous les capitaines et de tous les fins cavaliers qui avaient
fait à la France un renom de bravoure et de courtoisie suprême. Son nom évoque à la fois les souvenirs de la vieille
France et ceux de la Révolution.

« Avoir le jeu de paume dans son patrimoine national et le
laisser dépérir est plus criminel que d'abandonner un chef-
d'œuvre de l'art à l'action des intempéries : c'est renoncer
bénévolement à ce que l'antique et vénérable image de la Patrie

a de plus chevaleresque, de plus gracieux et de plus pimpant. Autant vaudrait rayer de notre histoire ses pages les plus éclatantes.

« Ajoutons que le jeu de paume ne comporte presque pas de frais et se prête aussi bien au cadre d'une école primaire qu'à celui d'un grand lycée. Une cour ou un terrain de deux à trois cents mètres, une paire de raquettes et quelques balles : il n'en faut pas plus[1]. »

Il n'en faut pas davantage pour le jeu de ballon français, dont le *Manuel des Jeux scolaires*, publié par le *Comité des Exercices physiques dans l'Éducation*, a donné avec précision toutes les règles[2]. Tout maître fera bien de se reporter à ces indications et de les tenir pour aussi respectables (ou peu s'en faut) que celles de la grammaire.

En général, les règles de ces jeux se recommandent par les caractères suivants : 1º elles défendent certains expédients trop faciles, qui dispenseraient d'effort et d'adresse : ainsi, est-il défendu de toucher *successivement* le ballon avec le pied et avec la main; de sortir, sauf certains cas prévus, des limites du jeu, etc ; 2º elles habituent les joueurs à rivaliser loyalement, dans les conditions les plus parfaites possible d'égalité ; 3º elles ont une sanction équitable et fixe, en faisant payer chaque faute par l'attribution d'un certain nombre de points à l'adversaire; 4º elles établissent une intéressante solidarité entre tous les joueurs d'un même « camp », et elles les amènent à organiser entre eux une surveillance, qui profite à leur coup d'œil, à leur sagacité.

Gymnastique.

Le jeu suffit-il à toutes les exigences de l'éducation physique ? Quelques-uns, et non des plus médiocres, semblent le croire.

« Au fond, dit l'écrivain sensé que nous citions il y a un instant, rien de plus simple que de devenir fort, et point n'est

1. PHILIPPE DARYL. Voyez *Revue pédagogique* du 15 octobre 1888.
2. Brochure publiée par la librairie Delalain.

besoin d'y chercher tant de malice. Il suffit de se donner du
mouvement, de faire fonctionner des outils dont la nature nous
a doués, de marcher, de sauter, de courir, de frapper, de
tirer, de hisser. Prenez un enfant de sept ans, faites-lui exécuter pendant vingt minutes chaque jour quelqu'un de ces
exercices, en se servant des premiers objets venus — un
bâton, une corde, une grosse pierre ou un tronc d'arbre : ce
sera à vingt ans l'homme le plus robuste, le plus gracieux et
le plus adroit.... C'est ce que les Anglais, plus sages que nous,
comprennent de longue date : et c'est pourquoi, en fait d'agrès
gymnastiques, ils ne donnent à leurs enfants qu'un battoir de
cricket, un ballon de cuir ou une paire d'avirons..... Donc, pour
que les enfants fassent de la gymnastique avec suite, il faut
que cette gymnastique les amuse ; et pour qu'elle les amuse,
il faut qu'elle revête la forme d'un jeu. La méthode anglaise,
si méthode il y a, n'est pas autre chose que l'application de
cette règle. »

Voilà de quoi consoler les instituteurs qui n'ont pas de
gymnase à leur service : ils savent comment on peut y suppléer. Néanmoins de bons esprits persistent à croire qu'une
gymnastique méthodique doit faire partie de toute bonne éducation.

Chez les anciens, la gymnastique se composait de deux
genres d'exercice : la *danse*, destinée à donner de la souplesse
et de la grâce ; la *lutte*, destinée à donner de la force. Chez
nous, elle comprend surtout un certain nombre d'exercices,
consistant, par exemple, à sauter un obstacle, à s'élever de bas
en haut avec des cordes, à subir avec une facilité croissante
certaines attitudes plus ou moins périlleuses, à faire accomplir
par le corps, en un moment donné, un effort supérieur à la
moyenne, etc. D'une façon plus générale cependant, on l'a dé-
finie la science raisonnée des mouvements ; on ajoute, avec
raison, qu'elle a pour but le développement régulier du corps,
l'accroissement et l'équilibre de toutes les forces organiques.
(Le Guénec.)

On a indiqué, ce semble, assez judicieusement l'utilité d'une
alliance entre le jeu et la gymnastique, quand on a dit : « Les
jeux ordinaires avec leurs mouvements désordonnés et sans

suite[1] ne sauraient remplacer la gymnastique; et, réciproquement, la gymnastique, régulière et disciplinée comme elle l'est, ne doit point exclure les jeux où les enfants se livrent à tous les ébats de leur âge[2]. »

Nous n'avons pas à donner ici le détail des exercices de gymnastique[3]; mais il est bon d'avoir compris une fois pour toutes l'esprit qui doit présider à cette partie de l'éducation. Il faut que les exercices soient *proportionnés* au sexe, à l'âge, à la force actuelle de l'individu. On ne peut demander les mêmes efforts à un garçon et à une fille : la force active n'est pas la même; la nature des mouvements ne l'est pas non plus. Pour ne citer qu'un fait, tout le monde a remarqué que la femme a la clavicule plus longue que l'homme. De là une aptitude beaucoup moindre à lancer une pierre au loin, mais plus de facilité à replier le bras et à porter un enfant sur la poitrine. Pour perfectionner la nature, il faut la connaître et en respecter les exigences. « Ne forçons point notre talent. »

Veut-on cependant faire donner à un organisme plus qu'il ne donnerait de lui-même, on ne peut y arriver que peu à peu; tout exercice doit être *gradué* : cela veut dire qu'on doit passer d'un mouvement moins difficile à un mouvement plus difficile. C'est le seul moyen d'obtenir à chaque instant des efforts nouveaux et des efforts efficaces. L'individu se familiarise avec la difficulté et il prend plaisir à constater ses propres progrès. Du moment, d'ailleurs, où il ne s'agit, à chaque commandement, que de donner un peu plus qu'au commandement précédent, la difficulté paraît singulièrement diminuée; elle l'est en effet.

Pour pouvoir graduer ainsi les exercices, il faut les *décomposer*, c'est-à-dire connaître les mouvements partiels, qui, s'a-

1. Ce jugement est trop sévère : il y a souvent de l'ordre et de la suite dans les jeux, nous l'avons rappelé; mais la fantaisie, cela est vrai, y a grande part.

2. Cité par LITTRÉ, *Dictionnaire de la Langue française,* article GYMNASTIQUE.

3. Nous renvoyons ici à l'excellent petit volume illustré publié par M. LE GUÉNEC, professeur de gymnastique à l'École normale d'instituteurs de la Seine. (Paris, Delalain.)

joutant successivement les uns aux autres, composent un mouvement total et d'ensemble. Puis, ces mouvements partiels, il faut les faire exécuter un à un, en un certain nombre de temps et de mouvements.

Des exercices ainsi exécutés et alternant avec les jeux secouent l'inertie et la paresse des organes; ils en dégagent l'énergie latente; ils impriment à l'être tout entier un certain courage, parce qu'ils lui donnent une certaine confiance; ils le mettent à même de rendre des services précieux, dans certains moments critiques, en attendant qu'ils fassent de lui un soldat plus dur à la fatigue et plus adroit dans les manœuvres[1].

CHAPITRE II.

Éducation intellectuelle.

*Développement des facultés intellectuelles
aux différents âges.*

Nous avons étudié la nature et analysé les opérations de nos facultés intellectuelles. Nous avons pu déjà le constater, il n'en est pas une qui puisse se passer du concours de toutes les autres : c'est là une vérité fondamentale, qu'il faut placer à la base de tout système d'éducation. Les plus simples des facultés sont gouvernées par les plus nobles; mais celles-ci, de leur côté, ne peuvent plus rien si les premières viennent à refuser leur concours. L'homme n'est pas un pur esprit : dans les conditions de la vie présente, il ne peut rien sans son corps. Par suite, les matériaux premiers de ses connaissances les plus sublimes lui sont tous fournis par les sens. La raison les ordonne et seule en fait un tout scientifique; on peut même dire que seule elle en fait un tout compréhensible, intelligible; mais elle ne peut pas plus s'en passer que l'architecte ne peut se passer de pierre, de fer et de bois, ou le sculpteur de marbre et de bronze, pour édifier leurs chefs-d'œuvre.

1. Pour plus de détails, voir nos *Notions de Pédagogie*, chapitres II, III et IV.

D'autre part, ces matériaux de nos connaissances ne se combinent pas tout seuls. Croire que l'on peut, par exemple, se borner aux connaissances sensibles, sans faire aucun usage de son raisonnement ni de sa raison, c'est une erreur. Bien ou mal, on raisonne toujours, même quand on se borne aux occupations les plus ordinaires de la vie. Tout exercice de la perception extérieure, tout usage intelligent de l'ouïe ou de la vue (comme une appréciation de la distance), supposent que l'imagination, la mémoire, le jugement et le raisonnement, la raison, par conséquent, sont intervenus, de même que dans la vie physique, la circulation, la respiration, la nutrition, fonctionnent ensemble et forment un tout inséparable. Celui qui ne s'en doute pas ou n'y a jamais réfléchi va au hasard. Celui qui le sait se tient sur ses gardes, et il s'exerce à tirer bon parti de tous les moyens dont il dispose.

Toutes nos facultés sont donc nécessaires les unes aux autres : tel est le grand principe de l'éducation intellectuelle. Mais ces facultés sont-elles capables de se développer toutes en même temps? Travaillent-elles toujours toutes en bonne harmonie et avec une égale intensité? Non, malheureusement.

L'enfant commence par recevoir presque sans résistance l'action de tout ce qui frappe ses sens. Il voit et il entend : suivant les dispositions où il se trouve, il est charmé ou effrayé, puis il oublie ce qu'il a vu ou entendu, et, quelques instants après, la même figure qui lui avait plu lui répugne, l'objet qui l'avait amusé l'ennuie.

Peu à peu cependant, le petit enfant s'habitue. Il s'habitue aux physionomies des personnes, à l'aspect des animaux, à celui des objets, à la succession des différentes parties du temps, à la périodicité des actes qui satisfont ses appétits et ses premiers caprices.... Cela veut dire que tout d'abord il les reconnaît, parce qu'à force d'éprouver les mêmes impressions, il les ressent plus vives et plus nettes. Cela veut dire ensuite qu'il se laisse aller plus complaisamment à ce qui a été pour lui la cause et l'occasion de quelque plaisir, et que là son attention s'applique avec une facilité qui va croissant.

Cette attention se développe d'autant mieux que l'enfant n'est point tout passif, il s'en faut de beaucoup. D'abord, il

remue pour le seul plaisir de remuer. Il prend ainsi connaissance de son corps: dans les efforts successifs et répétés qu'il
lui imprime, il se fait une idée du temps; par les déplacements
qu'il lui impose, il se fait une idée de l'espace. Enfin, peu à peu,
il distingue ce qu'il opère de lui-même et ce qui lui vient du
dehors. Ainsi la perception extérieure se complète dans son
esprit.

Il est certain que dans cette première phase l'enfant vit surtout par les sens. La mémoire vient sans doute très vite;
mais si prompte qu'elle soit à intervenir, elle ne se manifeste
qu'après des observations déjà faites.

> Quiconque a beaucoup vu
> Peut avoir beaucoup retenu,

dit La Fontaine. C'est dire, et avec raison, qu'on ne retient que
ce qu'on a vu.

Si le développement de la mémoire suit celui des sens, il
précède celui de la réflexion et du jugement. Il commence
donc par encombrer l'esprit d'un assez grand nombre de faits
plus ou moins bien.[vus, et d'impressions sensibles qui se
renouvellent spontanément sans ordre et sans contrôle. Dans
cet ensemble confus s'opère toutefois un certain travail. Les
images qui ont frappé l'enfant par leur simultanéité ou leur
ressemblance tendent à se rapprocher les unes des autres :
c'est là ce que nous avons appelé l'*association*.

Nous avons vu que l'association se rattache à la mémoire, et
que, comme la mémoire, elle est inséparable de l'habitude.
Ces trois formes de la vie se développent d'abord involontaire-
ment et quelquefois au hasard. L'enfant abandonné à lui-même
est toujours exposé à prendre des habitudes sans utilité, sinon
mauvaises; il est toujours en péril de contracter des goûts ou
des dégoûts, des sympathies ou des antipathies sans raison.
Pourquoi ? Parce que la première fois qu'il a vu telle personne, fait telle chose, reçu tel ordre, entendu telle leçon, il
était dans des dispositions plus ou moins gaies : le temps, le
lieu, les circonstances, les physionomies des gens, créent pour
longtemps des associations favorables ou défavorables à ces
souvenirs. Quand les premières leçons ont été données par une

bouche souriante, l'enfant s'en souvient avec bonheur, et son esprit y retourne volontiers. Dans le cas contraire, il se dit secrètement qu'elles lui rappellent des moments de douleur ou d'ennui, et sa pensée s'en écarte.

Mais, plus les expériences se multiplient, plus l'enfant est amené à faire des comparaisons, et alors il porte des jugements. Il pose beaucoup de questions, dans lesquelles il manifeste sa curiosité et avoue son ignorance; mais il affirme ou nie très vite, suivant que les choses l'amusent ou l'ennuient, le charment ou l'irritent. Bientôt vient un moment où il croit connaître, où il connaît à peu près, sous leur aspect extérieur, les choses qui l'intéressent dans la nature, dans le monde et dans la vie. Il est en possession d'un fonds de connaissances et d'idées, qu'il enrichira tous les jours, s'il est curieux, s'il est réfléchi, s'il est ami de la science, mais qui, dans bien des cas, lui semblera suffire pour asseoir ses raisonnements et pour justifier ses opinions.

Donc très certainement l'enfant juge et raisonne de très bonne heure. Un enfant de trois ans fait des raisonnements quelquefois très ingénieux. Il les fait avec une rapidité très grande, affirmant, niant, concluant, généralisant avec hardiesse. Ainsi, l'un de ses raisonnements les plus familiers, les plus embarrassants quelquefois, consiste à dire : Les autres font telle chose ; pourquoi ne la ferais-je pas? Ce n'est pas seulement l'esprit d'imitation qui agit là, c'est la tendance à tirer toutes les conséquences d'un même principe, comme à faire rentrer tous les faits sous une même loi. Si son raisonnement n'est pas exact, ce n'est pas par la forme qu'il pèche, c'est par la témérité avec laquelle il pose un principe ou des données qu'il n'a pas été à même de vérifier, et saute par-dessus les exceptions, ou fait d'un cas particulier la conséquence obligée d'une loi dont il étend la portée indéfiniment. Un ignorant raisonne tout autant, parfois plus qu'un homme instruit (mais non pas mieux). Il veut à tout prix tirer du peu qu'il sait des conclusions sur ce qu'il ne sait pas. Ainsi est l'enfant.

L'enfant le veut d'autant plus que son imagination, si elle n'est encore ni riche, ni vaste, ni soutenue, est vive, et qu'elle lui présente, de manière à l'émouvoir assez fortement, tout ce

qui est conforme ou contraire à ses goûts naissants. Cette imagination, qui prolonge, en la modifiant, l'action des sons, qui
transforme tout, rapetisse et enlaidit certaines choses, agrandit
et embellit certaines autres, est une des premières facultés
qui s'éveillent en nous, comme elle sera la dernière à s'éteindre.
Toute la vie, elle mêlera son action à celle des autres, tantôt
les secondant, tantôt les gênant, tantôt leur imposant le désordre
et la fantaisie, tantôt recevant de leur direction et de leur discipline un surcroît de puissance, dont elles profiteront à leur
tour.

Donc, avant tout, faire voir à l'enfant ce qui est;

Lui donner l'habitude de l'observer;

L'exercer à le retenir;

Lui faire partout saisir l'ordre et l'enchaînement des faits,
comme l'ordre et l'enchaînement des idées;

Lui apprendre à les retrouver par le raisonnement;

Modifier ses associations, de manière à ce qu'elles se conforment aux rapports réels des choses;

Surveiller dès le début et continuellement son imagination,
pour qu'elle ne soit ni paresseuse, ni capricieuse, ni men-
teuse, pour qu'elle colore et anime tout sans rien altérer;

Veiller enfin à ce que toute démarche et tout acte de l'intelligence de l'enfant se pénètre de raison : voilà ce que nous
conseille la psychologie même, puisqu'elle nous montre que
l'accord de toutes les puissances de notre être est la loi de
notre nature.

Il est clair cependant qu'il faut proportionner l'effort qu'on
demande aux forces qui sont prêtes. Il en coûte moins au petit
enfant de voir et d'entendre que de réfléchir : il lui sera aussi
plus facile de retenir ce qu'il aura vu et bien vu. Ses raisonnements seront plus aisés s'ils sont soutenus par une mémoire
mieux exercée et plus sûre des choses sur lesquelles ils doivent opérer. Enfin son imagination s'égarera d'autant moins
qu'il aura mieux observé.

Application des facultés intellectuelles aux divers ordres de connaissances.

Si les facultés de l'enfant se développent inégalement l'une après l'autre, il faut qu'au moment où telle faculté prédomine on l'applique au genre d'études et de connaissances qui lui convient le mieux. Si, d'autre part, les facultés intellectuelles, malgré l'avance que peut prendre l'une et le retard que peut subir l'autre, se prêtent constamment un mutuel concours, il faut les exercer toutes à la fois, sans jamais en négliger complètement aucune. Chacun de ces deux principes est exact, chacun des deux repose sur l'observation de l'enfant. Comment donc convient-il de tenir compte à la fois de l'un et de l'autre ?

La première chose que fasse l'enfant quand son intelligence s'éveille, c'est d'entrer en rapports avec les hommes en essayant de leur parler. La première connaissance dont il importe de favoriser chez lui l'acquisition, c'est donc celle de la langue maternelle. Tout enfant, nous le savons, tend à se créer lui-même des mots, et, par conséquent, une langue, pour exprimer ses impressions, désigner les choses qui l'intéressent, faire connaître ses besoins, appeler à l'aide, manifester ses désirs et ses volontés ; mais il grandit au milieu d'individus dont la langue commune est fixée. C'est cette langue que chaque enfant doit s'approprier peu à peu, renonçant aux mots qu'il a forgés, pour accepter en échange ceux dont l'usage est consacré chez ses parents et chez ceux qui vivent autour de lui.

Est-ce uniquement au point de vue des nécessités de la vie que cette connaissance de la langue doit précéder toutes les autres ? C'est aussi dans l'intérêt du développement intellectuel. L'usage des mots est nécessaire : 1º pour conserver plus aisément la mémoire des choses, en appliquant un mot unique à tout un groupe d'objets qui se ressemblent ; 2º pour se former des idées, en remarquant peu à peu les différences et les ressemblances qui justifient l'emploi de mots semblables ou le choix de mots distincts, en réfléchissant sur les états que l'on éprouve et que l'on veut peindre ; 3º pour s'assimiler les idées acquises une à une par les générations précédentes, et dont les mots de la langue conservent le dépôt; 4° pour plier l'esprit aux exigences éprouvées d'après lesquelles s'est gouverné l'usage de la langue devenue de plus en plus intelligible, précise, exacte, suffisante: qu'est-ce, en effet, que la grammaire, sinon l'ensemble des règles qui président à l'expression des rapports entre nos idées? Et, dans les rapports que nous mettons entre nos idées, nous nous efforçons de correspondre aux rapports réels des faits et des êtres. Autrement dit, par l'acquisition graduelle de la langue maternelle, l'enfant débrouille ses propres idées et il se met en état de comprendre celles des autres. Donc, en s'appliquant d'abord à lui donner un usage familier, correct et de plus en plus complet de son idiome, on satisfait à la fois aux nécessités de l'ordre logique des connaissances et aux nécessités de l'ordre psychologique du développement des facultés.

Mais nous avons écrit : l'usage *de plus en plus complet*. Qu'est-ce à dire, sinon que la connaissance de la langue dont nous nous servons doit se perfectionner indéfiniment? Quand on élève un enfant, on commence donc à lui apprendre à parler; mais ce n'est pas là un mode de connaissances qu'on puisse se flatter de lui faire acquérir tout de suite et d'un seul coup. Il perfectionnera la connaissance qu'il a des mots au fur et à mesure qu'il connaîtra mieux les choses. Et à quelles facultés aura-t-il ici recours ? A l'observation, à la mémoire, à la réflexion : car l'esprit humain met dans le langage tout ce qu'il a pensé, tout ce qu'il a découvert; ses facultés s'y peignent toutes, parce qu'elles y ont toutes travaillé.

Comme la langue maternelle exprime tout ce qui a été conçu ou senti par la population entière, elle exprime beaucoup de choses d'une valeur très inégale ; elle les rend aussi de plus d'une manière. Dans cette diversité, on fait un choix. S'il est des pensées plus utiles et provoquant davantage la réflexion, s'il est des formes plus élégantes, communiquant à l'esprit qui s'y ajuste des goûts plus délicats, il faut habituer l'enfant aux unes et aux autres. C'est ce que l'on fait en l'exerçant à apprendre par cœur des textes choisis. Là encore on s'adresse à la mémoire, qui est neuve, et qui est docile; mais on prend soin de ne l'exercer que sur des idées et sur des formes dont la valeur doit être comprise et sentie autant que possible.

Par la langue maternelle, l'enfant se met en rapport avec les hommes au milieu desquels doit se passer son existence. Mais on veut que son esprit entre aussi en relation avec l'humanité : ce n'est pas là trop dire. On n'est vraiment homme qu'à la condition de savoir à quelle patrie on appartient, quelle place cette patrie a tenue parmi les nations, et par quels efforts ont dû passer les générations précédentes. Pour faire connaître à l'enfant de quelle race il est issu, à quelles destinées il est associé, à quelles œuvres il est appelé à collaborer, on lui apprend donc les éléments de l'histoire.

Si le temps réservé à son éducation le permet, on lui apprend des langues étrangères ou les langues anciennes dont l'idiome national est sorti. Par là on enrichit le mode de connaissances dû à la possession de la langue maternelle; on développe aussi les connaissances puisées dans l'histoire de l'humanité.

L'histoire demande avant tout à être *apprise*, c'est-à-dire retenue par la mémoire. Les noms des personnages, les listes des événements principaux, la succession chronologique des hommes et des faits, voilà ce qu'il est indispensable de se rappeler; sans cela l'histoire n'existerait pas. Mais l'histoire intéressera d'autant plus qu'on pourra mieux la faire revivre devant l'enfant. Il faut donc s'adresser à son imagination en lui peignant les choses qu'on lui raconte, en lui donnant des portraits colorés qui se fixent sous ses yeux, en lui faisant suivre les grands événements historiques sur les cartes qui représentent les pays où ils se sont accomplis. Enfin l'histoire demande à être *comprise* : elle n'est digne de nous occuper qu'à la condition de nous laisser voir la liaison des causes et des effets. Bref, l'histoire commence par la mémoire aidée de l'imagination; mais elle ne peut tarder (si elle est convenablement enseignée) à s'adresser au jugement et à la raison.

Reste à connaître la nature au sein de laquelle et sur laquelle nous agissons. Nous ne pouvons rien d'efficace qu'à la condition de nous servir d'elle et d'user des ressources qu'elle contient. Nous ne la modifions qu'en combinant les forces qu'elle renferme, d'après des lois dont nous pouvons bien diversifier et diriger le jeu, mais non changer les exigences et les propriétés fondamentales.

Or, l'enfant est mis en contact avec ces lois de la nature de deux manières. On lui expose d'abord sous leurs formes les plus simples les principales propriétés des nombres et les rapports nécessaires qu'ils ont entre eux, les règles infaillibles des combinaisons qu'ils peuvent former. En effet, qu'il s'agisse d'étendue ou de mouvement, de la production d'un phénomène ou d'un autre, tout se ramène, en dernière analyse, à des nombres, à des quantités qui se répètent et qui s'ajoutent; et l'on peut prévoir par avance (ou calculer) les résultats exacts des combinaisons dans lesquelles ils entreront.

De cette science on donne à l'enfant les premiers éléments, qui sont abstraits sans doute, mais qui sont aisés à comprendre, tant ils sont précis et sûrs et aptes à servir à mille usages familiers, visibles, universels : ainsi l'enfant les retrouve dans ses jeux à toute minute. « Cela est clair comme deux et deux font quatre », répète-t-on vulgairement. C'est dire que les règles qui gouvernent les chiffres sont absolues, et que, bon gré mal gré, nous les rencontrons partout.

Ces sciences sont susceptibles d'un accroissement indéfini. Pour étendre la connaissance qu'on en peut donner aux enfants, il convient de se guider : 1° sur l'utilité dont cette partie nouvelle de la science doit leur être dans la suite de leur vie; 2° sur leur aptitude à la comprendre. Si, en effet, on a commencé par l'intuition (c'est-à-dire par la simple vue de la nature élémentaire des choses et de leurs propriétés essentielles) et par la mémoire, on devra bientôt faire appel à une imagination plus capable de suppléer par son effort à l'exercice spontané des sens : on sera obligé de compter sur des raisonnements de plus en plus soutenus, dont l'intelligence devra saisir la suite ininterrompue.

Mais cette connaissance des propriétés abstraites ne suffit pas. Ces nombres qui se répètent, ces étendues qui se continuent et qui se subdivisent, qui se mesurent en se rapportant les unes aux autres, ce sont des quantités, ce sont des étendues de choses concrètes, lesquelles ont aussi leurs propriétés.

De ces propriétés, les unes sont faciles à constater à l'œil nu et à ciel ouvert; les autres sont plus cachées. Il y a cependant un lien entre les unes et les autres : c'est ce qui fait qu'on peut apprendre à l'enfant les éléments de l'histoire naturelle, les éléments de la physique et de la chimie, s'arrêter quand il le faut, lui donner cependant des connaissances qui lui seront utiles dans la pratique et qui l'aideront plus tard à en acquérir d'autres, s'il en a le loisir ou s'il en éprouve le besoin,

Là, quelles sont les facultés intellectuelles qui entrent en jeu? A peu près les mêmes que tout à l'heure et dans le même ordre : d'abord l'observation par les sens (qui vient tempérer la sécheresse des premières abstractions mathématiques); puis — quand on a regardé et écouté — la mémoire, sans laquelle, évidemment, rien ne peut être appris; puis l'imagination, qui non seulement agrandit et conserve la vue des choses, mais permet d'en examiner mentalement les combinaisons possibles; enfin le raisonnement, qui se mêle à tout pour tout rectifier et pour tout développer, s'il y a lieu.

Ce qui importe, dans les premiers temps de l'éducation, ce n'est pas tant d'exercer ou de laisser reposer telle faculté, puis telle autre; c'est de choisir pour chacune d'elles une matière convenable et de ne lui demander, à chaque période, que des efforts proportionnés à ses ressources. A ces conditions, on les exerce toutes utilement dès le début. Toute sa vie, par exemple, l'homme aura besoin d'observer; mais l'observation d'un savant portera sur des phénomènes que l'enfant ne saurait saisir, et surtout qu'il ne saurait comprendre, parce qu'il ne saurait les rattacher à rien. Toute la vie la mémoire interviendra; mais elle se modifiera au fur et à mesure que les choses à retenir seront mieux reconnues et mieux classées. Toute la vie on raisonnera; mais, pour ne pas rebuter la raison de l'enfant, on ne lui aura fait d'abord enchaîner que des faits à sa portée et des idées dont il aura pu avoir une conception claire. C'est ainsi que, dès les premiers temps de la vie, on exerce du mieux que l'on peut tous les organes de l'enfant : on le fait marcher, mais peu à la fois et en le soutenant; on le fait manger, mais on ne lui donne que la quantité de nourriture dont son estomac peut opérer la digestion.

On dira, il est vrai : « L'enfant ne doit-il pas commencer par voir ce qu'il ignore, et n'a-t-il pas devant lui toute la vie pour raisonner sur bien des choses vues, observées, retenues une fois pour toutes ? » Peut-être, en effet, l'action de la mémoire est-elle prédominante dans la première éducation, où l'enfant reçoit plus qu'il ne trouve et n'invente. Mais il ne recevra rien avec profit, s'il ne s'en empare et ne se l'assimile. Il serait donc tout à fait dangereux de s'adresser exclusivement à la mémoire et de négliger en quoi que ce soit les autres facultés, comme la réflexion, la comparaison et le raisonnement, dont le concours est nécessaire partout. Qu'on ne s'étonne pas si nous revenons souvent encore sur ces principes : ils contiennent l'éducation tout entière.

Éducation des sens. Petits exercices d'observation.

Prenons maintenant chacune des facultés intellectuelles l'une après l'autre, et voyons comment il convient de les exercer. Le maître doit avoir ici constamment en vue : 1° l'état idéal auquel tend, chez l'adulte, le développement d'une faculté donnée; 2° l'état provisoire d'où elle part chez l'enfant, pour passer par des essais et des tâtonnements inévitables. Ne considérez-vous, par exemple, que l'essence de la raison humaine, en général; vous voulez tout soumettre à ses exigences, et vous introduisez dans les moindres parties de l'éducation une austérité fatigante. Ne voulez-vous voir que la faiblesse actuelle et passagère de la raison enfantine; vous vous attardez à des puérilités insignifiantes. Il faut sans doute ménager les forces, mais il faut savoir compter sur elles et leur demander les efforts nécessaires à l'accomplissement gradué de tout ce dont elles paraissent capables.

Il faut, avons-nous dit, commencer par voir et par observer : car, si nous raisonnons sur ce qui est, nous ne l'inventons pas.

L'intelligence débute donc par *le sens*. Mais il est impossible de ne pas se poser ici cette question : Est-ce la perfection du sens, en tant que sens, qui fait la supériorité de l'intelligence, et les hommes les plus éminents sont-ils ceux qui ont les meilleurs yeux, les meilleures oreilles...? Ou bien est-ce l'intelligence attentive et bien exercée qui fait que l'homme se sert de ses sens avec profit pour son instruction?

La réponse ne fait aucun doute pour le psychologue. Une sensation est un signe qu'il faut percevoir assurément, mais qu'il faut surtout interpréter. Mettez un microscope ou un télescope entre les mains d'un ignorant : il n'en retirera rien. Des yeux perçants et une ouïe fine ne servent pas beaucoup plus à un individu qui ne prend pas la peine de comparer. Une sensation très vive fait naître en nous un état subjectif accompagné de plaisir ou de douleur; plus l'état est fort, plus il nous absorbe. Pour bien connaître la cause extérieure ou l'objet qui vient d'agir sur nous, nous avons besoin de nous dégager de cette sensation personnelle; nous n'en gardons dans l'esprit que ce qui est nécessaire pour nous donner des indications précises sur les différentes phases du phénomène sensible, sur l'ordre dans lequel elles se sont succédé, sur les rapports qui les lient à d'autres phénomènes. Nous avons eu d'abord une sensation, puis une représentation ou une image; nous cherchons ensuite une idée et un jugement. Soit, par exemple, un orage qui éclate : ce n'est ni l'intensité du bruit, ni la nature particulière des impressions ressenties par notre peau ou par nos nerfs, qui méritent d'arrêter notre intelligence; c'est l'ensemble des relations que nous avons pu observer entre les divers phénomènes du vent, des nuages, de la foudre, de la pluie, de la grêle, etc.

S'il en est ainsi, en quoi donc consiste l'éducation des sens? A développer l'attention et à surveiller le jugement dans tout ce qui touche aux choses vues, touchées, entendues...

Cette éducation est donc très complexe.

1° Si réduite que soit la part de la sensation proprement dite, elle n'est cependant pas à négliger complètement. Un myope qui saura regarder verra plus de choses qu'un sot à l'œil perçant; mais si l'on peut se conserver de bons yeux par de bonnes habitudes, on fait bien de s'y appliquer. Ce qu'on doit surtout procurer à ses organes, c'est un mode moyen de sensibilité et un mode moyen d'activité : trop et trop peu de lumière, trop et trop peu de sonorité fatiguent également l'organe, en lui imposant des efforts d'accommodation où il dépense une partie de son énergie, et où sa délicatesse a vite fait de s'émousser. C'est sur ce principe que reposent l'hygiène de la vue et le choix des instruments destinés à lui venir en aide, quand elle en a besoin. Tout muscle est fait pour agir et pour agir en vue d'un but; mais aucun ne demande à être fatigué sans nécessité. Chacun de nous a donc à se rendre compte de ce qu'il peut avec ses moyens naturels, et, par exemple, de la distance qu'il doit mettre entre lui et les objets qu'il a intérêt à bien voir.

2° L'éducation du sens comprend ensuite la direction de l'observation elle-même. Au fur et à mesure que le sens est affecté, l'intelligence qui recueille les impressions successives est à même de les comparer. Elle a intérêt à distinguer les nuances, à remarquer l'accroissement ou la diminution ou l'altération des phénomènes perçus, à dégager l'élément d'ordre et de permanence qui fait l'unité de ce phénomène, en indique la nature propre et conduit à en déterminer la loi. Toutes les fois qu'on fait regarder ou entendre quelque chose à un enfant, on doit l'habituer à suivre ces variations et à s'y retrouver. Il doit pouvoir se dire : « Cela, je l'ai déjà vu ou je ne l'ai point encore vu...; je l'ai vu dans telle circonstance, que je remarque une fois de plus aujourd'hui; je l'ai vu dans un cas qui m'avait paru tout autre. » Observer, c'est essentiellement se questionner soi-même sur tous les détails de ce que l'on voit. Celui qui dirige l'observation d'un enfant doit donc lui poser d'abord un certain nombre de questions pour les lui rendre familières en lui en faisant sentir l'utilité.

Les enfants de nos campagnes sont souvent associés à quelque partie de chasse ou de pêche. Ils peuvent constater là de quelle manière on surveille les allures et les ruses du gibier. « Que va faire ce poisson qui a mordu? où va passer ce lièvre qu'on a levé? » Plus on a obtenu de réponses concordantes à ces questions réitérées, plus on est sûr de faire des opérations fructueuses : on sait ce que va faire la bête, on sait ce qu'il faut imaginer pour la surprendre et s'en emparer.

Or, suivant l'expression de Bacon (qui a poussé la comparaison très loin), la connaissance de la nature est comme une chasse où l'on essaye de suivre des mouvements et de comprendre des habitudes qui se dérobent. Ce vent donnera-t-il de la pluie? ce nuage laissera-t-il tomber de la grêle? cette nuit risque-t-elle de se terminer par une gelée? cette semence lèvera-t-elle? Voilà quelques-uns des phénomènes que savent observer, souvent très bien, les hommes qui vivent en contact ordinaire avec la nature. La méthode qu'ils emploient ne demande qu'à être développée régulièrement pour aboutir à des résultats scientifiques. Le maître qui veut former ses élèves à l'observation méthodique peut prendre ainsi son point de départ dans des habitudes très simples et qu'a imposées la nécessité.

Parmi les questions qu'il est bon de s'adresser quand on observe, il en est qui ont trait, moins à la physionomie extérieure des phénomènes, qu'au nombre de leurs éléments. Nous savons (les Livres saints nous l'ont dit, et la science nous l'a confirmé) que Dieu a tout fait avec nombre, poids et mesure : retrouver chacun de ces caractères dans un fait que l'on observe, c'est en avoir pénétré déjà très profondément la nature. C'est donc « un excellent moyen de bien observer que de s'accoutumer à *compter* en observant. On montrera, par exemple, à l'enfant que le physicien compte les degrés de la température, que le botaniste compte les parties qui composent tel ou tel organe de la fleur, que le médecin compte les pulsations du pouls du malade, que le pharmacien compte les gouttes du liquide dont il compose les remèdes les plus actifs; or, peser, c'est encore une manière de compter; mesurer aussi : car c'est toujours rapporter des quantités à une unité qu'elles répètent. C'est ainsi seulement qu'on explique dans la science; c'est ainsi, dans l'art, qu'on bâtit ou qu'on fabrique avec sûreté : c'est donc ainsi qu'on doit s'habituer à observer. C'est par là, en effet, qu'on se rend apte à distinguer ce qui est constant, ordonné, symétrique, de ce qui est irrégulier, variable, intermittent ou périodique, et à démêler les significations de ces divers caractères des événements ou des faits[1]. »

1. *Notions de Pédagogie.* (Paris, Delalain).

Une pareille méthode dans l'art d'observer supplée à bien des imperfections sensorielles. « Les historiens militaires aiment à citer Davout, qui, quoique le plus myope des généraux de Napoléon, était toujours le mieux renseigné, le mieux *éclairé* de tous, parce qu'il savait regarder et faire regarder les autres pour lui, avec une attention scrupuleuse, et qu'il savait ensuite interpréter le peu qu'il avait vu. Mieux encore : ne cite-t-on pas un naturaliste éminent, Huber, qui observa les mœurs de certaines fourmis, étant aveugle? C'est qu'il se servait des autres en dirigeant leurs observations, en les forçant à voir et à revoir, pour le lui décrire avec netteté, ce qu'ils n'eussent même pas aperçu sans les questions intelligentes qu'il leur posait[1]. »

3º L'éducation des sens comprend, en troisième lieu, le choix des objets à observer.

Un savant qui a déjà des connaissances très étendues sur l'essence d'un phénomène ou la nature d'un être, a intérêt à examiner les exceptions. Ce sont souvent elles qui l'attirent le plus, parce qu'il a chance d'y trouver quelque chose de nouveau. Mais l'enfant n'en est pas là : les cas rares ne sont pas ce qui l'intéresse; il a besoin de connaître d'abord ce qui est universel et constant. Il faut donc lui faire observer, autant que possible, l'objet ou le phénomène *type*, en tout genre, et lui mettre sous les yeux l'exemplaire le plus parfait de ce à quoi on veut l'initier. C'est là la méthode à employer pour tout débutant, dans toutes les sciences; c'est la méthode générale de l'école primaire, où l'enfant s'initie, pour ainsi dire, à tout. Plus tard, il remarquera d'autant mieux les complications, les anomalies et les lacunes, qu'il aura été plus accoutumé à voir de chaque chose des échantillons complets et achevés.

Ces exercices d'observation se mêlent à tout dans l'éducation intellectuelle, et les règles que nous venons de proposer sont particulièrement bonnes à appliquer dans les *leçons de choses*.

On appelle ainsi des leçons où l'on montre à l'enfant tout

---

1. *Notions de Pédagogie.* (Paris, Delalain).

ce dont on lui parle, au fur et à mesure qu'on le lui explique.
On peut aussi appeler les sens mêmes au secours des autres
facultés : car on croit depuis longtemps, et avec raison, que
ce qui a été vu se retient plus aisément. Mais les leçons de
choses perdraient une grande partie de leur utilité, si l'on
n'amenait pas les enfants à observer eux-mêmes attentivement
ce qu'on leur met sous les yeux. Là est le grand point : partout, en éducation, il faut faciliter l'effort, mais il faut l'obtenir, et il faut le rendre fructueux en le dirigeant. Une exhi-
bition qui amuserait l'enfant et satisferait en lui la curiosité
du regard pourrait bien lui donner quelques souvenirs de
plus; mais le gain serait médiocre, si ces souvenirs n'étaient
pas classés, et s'ils n'emmagasinaient, pour ainsi dire, avec
eux des réflexions utiles.

Une leçon de choses doit donc être toujours un exercice
d'observation, et ici quelques recommandations nouvelles sont
nécessaires.

D'abord, il convient de se servir le plus possible d'objets
usuels. La science proprement dite, il est vrai, s'enseigne
dans des laboratoires ou avec des instruments qui ont isolé les
phénomènes dont on veut donner l'explication. Il s'agit d'étudier un gaz : on le sépare de tout ce à quoi il est mêlé dans la
nature, et c'est lorsqu'il est « isolé » qu'on peut en découvrir,
en démontrer toutes les propriétés essentielles. Mais, dans les
débuts, on ne peut que préparer les enfants à bien connaître
les choses : on ne doit pas se flatter de leur en expliquer en-
tièrement le mécanisme. Il est souhaitable seulement que les
observations qu'on leur fait faire les disposent à trouver un lien
entre les phénomènes journaliers dont on les rend témoins et
les phénomènes du laboratoire ou de l'expérience scientifique.
On a préparé de l'acide carbonique, et on montre un oiseau se
débattant sous la cloche où ce gaz menace de l'asphyxier :
c'est, en somme, le même phénomène qu'on redoute auprès
d'une cuve où le raisin fermente ou dans une salle que chauffe
un poêle mal construit. Quelquefois une expérience bien faite
simplifie la connaissance en éliminant toutes sortes de phénomènes accidentels ou étrangers qui masquent la loi. Mais
l'immense majorité des enfants est destinée à vivre dans ces

milieux complexes de la nature : si l'on veut qu'ils sachent démêler quelques lois importantes, afin de ne pas s'y heurter maladroitement, il est bon qu'ils aient appris à les suivre dans des faits quotidiens, dans des choses usuelles, avec des exemples qu'ils doivent retrouver partout.

Cette méthode implique la nécessité de faire voir à l'enfant plusieurs choses à la fois, et de lui faire savoir intuitivement, c'est-à-dire des yeux mêmes, les rapports qui les rattachent l'un à l'autre. Si, dans un phénomène dont on est le spectateur, on s'attache à un détail unique, trouvé plus agréable ou plus curieux, on est à peu près sûr de se tromper. Pourquoi? Parce que c'est un fait acquis que rien n'est isolé, et que chaque élément d'un tout subit l'influence des autres éléments, comme, à son tour, il réagit sur tous les autres. A ce point de vue, il est une opération qui aide singulièrement l'enfant à voir de près ces rapports : elle consiste à lui faire construire lui-même, par le dessin, par le modelage, par un arrangement quelconque de matériaux, ce qu'on veut lui faire observer d'une manière aussi complète que possible. Par là il *voit* ce qui, retranché ou ajouté, dérangé ou remis à sa place, fait la chose vivante ou la rend irréalisable.

Ceci achève de nous démontrer à quel point l'observation doit être active, et combien on serait loin de la vérité si l'on comparait l'esprit de l'observateur à un miroir, qui reçoit fidèlement les images de tous les objets en face desquels il est placé. Savoir observer et savoir ce qu'il faut observer sont deux choses également difficiles : l'enfant doit y être exercé graduellement, de manière à lui faire comprendre que plus il regarde, plus il voit, et que le nombre des faits à observer demeure toujours inépuisable.

Rôle et culture de la mémoire.

Sur le rôle de la mémoire en général, nous n'avons plus rien à dire : la psychologie nous a appris quelle place elle tient dans l'ensemble de nos facultés et dans la suite de leurs développements. Mais il y a lieu d'insister quelque peu sur les services

plus ou moins considérables qu'elle rend, suivant la manière
dont elle agit, suivant les allures qu'on lui laisse prendre.

Il est des esprits que leur mémoire, trop prompte à tout
retenir, encombre de souvenirs de toute espèce. C'est chez des
hommes très médiocres, c'est même quelquefois chez certains
idiots, qu'on a trouvé des exemples de cette mémoire instan-
tanée, machinale, irréfléchie. Ainsi un médecin anglais[1] dit
avoir connu un épileptique qui, après avoir lu une seule fois
un article de journal, le répétait mot pour mot les yeux fermés.
Comme l'intelligence proprement dite a peu de part à une
pareille mémoire, elle en retire également peu de chose. Quand
le souvenir devance et remplace à ce point la réflexion, il la
décourage ou il l'étouffe.

D'abord, une pareille mémoire, due à un exercice tout spontané de l'activité cérébrale, empêche l'individu d'observer. On
croit volontiers tout savoir et tout connaître, quand on retrouve
à propos de tout quelque souvenir : la paresse et la vanité s'en
contentent, et, comme on a toujours quelque chose à dire, on
ne cherche plus rien de nouveau.

On ne cherche plus rien par soi-même. Sans doute, nul ne
peut inventer qu'en s'appuyant sur ce qui a été inventé déjà
par les autres. Mais, si l'on est tout rempli, tout occupé de ce
que les autres ont dit ou fait, si on se le rappelle avec une
fidélité servile et une abondance de détails accablante, l'intelligence perd toute initiative, tout ressort et toute liberté.

Dans l'éducation en particulier, un excès de facilité de la
mémoire a cet inconvénient fâcheux, que l'écolier se contente
de la lettre et ne pénètre pas jusqu'à l'esprit. Il retient une
démonstration mot à mot, avant même de l'avoir comprise.
Pourquoi se donnerait-il la peine de la suivre avec patience,
en en reprenant les différentes parties une à une et en en
cherchant l'enchaînement? On lui a donné une leçon à apprendre : si, après l'avoir lue une fois ou deux, il est en état
de la réciter, pourquoi s'appliquerait-il à en saisir toutes les
nuances et chercherait-il à se mettre en état de l'expliquer?

Ainsi, cette activité trop docile et trop prompte d'une partie

1. MAUDSLEY.

de notre organisation se substitue à l'activité plus personnelle de l'intelligence. Trop bien servie par des souvenirs qui s'offrent d'eux-mêmes, l'intelligence les accepte : à peine a-t-elle le loisir de les rectifier et de les classer. Ces deux précautions cependant seraient indispensables pour tirer d'une heureuse mémoire un parti utile et honorable. On a souvent plus de peine à oublier ce qu'on avait appris qu'à apprendre quelque chose de nouveau. Si donc on se repose trop complètement sur ce qu'on sait ou croit savoir, il sera bien plus difficile encore de se débarrasser des erreurs, des connaissances imparfaites et tronquées, des préjugés. Il sera difficile également de mettre de l'ordre dans ses souvenirs : alors tout reviendra pêle-mêle, souvenirs, citations, témoignages, et défilera comme une troupe en débandade.

Quand certains souvenirs ne peuvent être ni suffisamment compris, ni rectifiés, ni classés, mieux vaudrait bien souvent les perdre, si on le pouvait.

Pour accroître la vie d'un organisme, il faut dissoudre un grand nombre d'aliments dont on détruit l'organisation particulière. Ainsi, pour que l'intelligence grandisse, il faut souvent décomposer un grand nombre de souvenirs qui alourdissent l'intelligence et ne savent pas s'y incorporer dans un tout vivant. C'est surtout la mémoire des esprits moyens qui a besoin d'oublier pour retenir, c'est-à-dire pour se rappeler exactement et nettement ce qu'il lui importe de retrouver. L'homme supérieur peut seul avoir impunément une mémoire très étendue et très précise dans tous les détails, parce que, lui du moins, il a la force nécessaire pour mettre de l'ordre et une signification dans ses souvenirs. Si, par anticipation, nous considérions ici les choses de la conscience et de la vie morale, nous y trouverions la même nécessité. Que l'homme faible ne réussisse pas à oublier ses défaillances, il y retombera, par le simple fait qu'il aura le malheur d'y trop penser. L'homme d'énergie et de caractère pourra seul retrouver dans ses souvenirs, quels qu'ils soient, de quoi retremper sa propre vertu. Ainsi encore, l'homme dont la bonté n'est pas au-dessus des déceptions habituelles de la vie a besoin d'oublier pour pardonner et pour ne pas se décourager.

Il est souhaitable pour lui et pour ceux qui l'approchent qu'il puisse s'appliquer à lui-même ce conseil d'Alfred de Musset :

A défaut du pardon, laisse venir l'oubli.

Car, encore une fois, il faut être un homme d'un grand cœur et d'une haute intelligence, pour pardonner ce qu'on n'oublie pas.

Un homme d'État[1] disait un jour : « Dans ma longue carrière, j'ai appris à tout pardonner et à ne rien oublier. » C'était là une belle parole, qui eût été plus belle encore si quelque autre l'eût dite de cet éminent personnage et l'eût ainsi dispensé de se rendre témoignage à lui-même. Aussi un de ses illustres émules[2] répliquait-il avec beaucoup de finesse : « Un peu d'oubli cependant ne nuirait pas à la sincérité du pardon. » Il voulait dire que l'oubli serait un signe de la générosité complète et du pardon sans retour, parce qu'il en serait le résultat.

En résumé, au point de vue intellectuel comme au point de vue moral, il faut souvent oublier pour apprendre, oublier le faux pour apprendre le vrai, oublier la mauvaise démonstration pour mieux s'assimiler la bonne, oublier les habitudes pernicieuses pour en contracter de salutaires.

Cet éloge de l'oubli ne doit pas nous faire perdre de vue les grands services que rend une heureuse mémoire ; mais à quelles conditions rend-elle ces services ?

A la condition d'abord que l'attention volontaire de l'esprit fasse plus que l'impressionnabilité naturelle et organique. Toute espèce de bien se gouverne et se conserve de la même façon qu'il a été gagné. Si l'intelligence a été comme absente de la première acquisition d'un souvenir, il y a des chances pour qu'elle y demeure toujours étrangère. Si c'est elle qui est intervenue dès le début, elle restera pour ainsi dire saisie de cette acquisition, elle en restera maîtresse.

L'attention toutefois peut s'arrêter à des choses d'inégale valeur. La mémoire aura d'autant plus de prix, et elle rendra des services d'autant plus grands, qu'elle saura mieux s'appliquer à ce qui est bon, honnête, utile, intéressant. Il est des

1. GUIZOT.
2. THIERS.

séries ou des groupes de souvenirs spéciaux qui sont indispensables dans certaines professions. Il faut bien alors que celui qui veut réussir dans cette profession les acquière et les cultive, quoique son intelligence n'en retire peut-être pas grand profit pour son éducation générale. On dit que bien des femmes, après avoir vu quelque toilette une minute ou deux, restent capables d'en faire une description très détaillée et très exacte. Une mémoire qui s'appliquerait à développer de pareilles aptitudes ne serait pas, chez un homme du moins, quelque chose de bien avantageux. Suffire à tous les souvenirs est, on le sait, une tâche difficile : il est donc souvent bon de l'alléger par le choix. Une attention qui sait de prime abord se diriger là où il faut est ainsi une condition indispensable, sinon de l'étendue, à coup sûr de la qualité de la mémoire.

Cette qualité sera plus rare encore si, comme nous l'avons indiqué plus d'une fois, on met de l'ordre dans ses souvenirs. Une connaissance isolée, portant sur un fait unique, est à peine une connaissance : qu'est-ce donc qu'un souvenir partiel ou qu'une multitude de souvenirs incohérents, revenant au hasard, ou ramenés, sans qu'on sache pourquoi, au gré d'associations accidentelles, insignifiantes ? Une bonne mémoire sait éliminer promptement ce qui ne lui offre aucun intérêt intellectuel ou pratique : elle a l'habitude de s'arrêter, au contraire, à ce qui mérite de l'occuper ; elle sait grouper autour d'un premier souvenir tous les souvenirs partiels qui le complètent, qui le rendent plus précis, plus solide et plus vivant. Nous ne classons pas nos souvenirs dans notre tête comme nous rangeons nos livres dans notre bibliothèque ou des objets dans une armoire. Mais notre esprit peut s'accoutumer à aller d'une idée à une autre idée, selon les affinités rationnelles, selon les rapports réels et constatés qui les unissent.

Enfin le rôle d'une bonne mémoire est de se subordonner aux autres facultés de l'intelligence, et non de les tyranniser. Un homme dont nous avons déjà cité les travaux sur l'éducation des enfants arriérés écrivait ces lignes, qui peuvent s'appliquer à toute espèce d'éducation [1] : « Ne perdons pas de

1. E. SÉGUIN.

vue la fin de la mémoire, car la fin est la raison de toute chose. Au-dessus du brillant emploi qu'en font les hommes de loisir et les lettrés, la mémoire offre un usage moins brillant, mais plus utile : c'est d'offrir à l'esprit des matériaux de comparaison dans le passé pour éclairer l'avenir. La mémoire, entraînée dans cette direction, a pour résultats finals la prévision, la prévoyance, le pressentiment, et, par suite, la constance dans les habitudes normales, le goût du travail utile, les connaissances positives qui sont d'une utilité pratique. »

La mémoire de l'enfant, livrée à elle-même, se développe-t-elle de façon à éviter les inconvénients et à rendre les services que nous venons d'énumérer ?

Ceux qui ont vécu avec l'enfance (ou qui se souviennent de leurs premières années) savent que le contraire est souvent à craindre. La mémoire de l'enfant est remarquable par une absence à peu près complète de discernement et de choix. Elle se prêtera, si l'on veut, à retenir, pour un temps, des séries de mots inintelligibles; elle sera rebelle à l'acquisition de connaissances plus simples, et, semblait-il, mieux à la portée de son intelligence. Il suffira qu'un mot l'ait fait rire pour qu'il le retienne : il fait attention à la forme extérieure et visible, au son des mots qu'il se répète lui-même à demi-voix, à mille circonstances enfin qui ne provoquent en lui que des dispositions machinales.

Il en résulte que sa mémoire est capricieuse et incohérente : ses souvenirs s'enrichissent et s'appauvrissent tout à coup. Il apprendra l'usage familier d'une langue en très peu de temps, si les personnes qui la lui parlent l'amusent ou s'il y trouve une satisfaction de curiosité, d'amour-propre; mais il aura vite fait de l'oublier complètement : quelquefois même il l'oublie pour ainsi dire à volonté, parce que l'usage de cet idiome l'ennuie ou lui a valu certaines plaisanteries de la part de ses camarades.

En revanche, il est des souvenirs qui l'obsèdent d'autant plus qu'il n'est pas encore assez maître de son attention pour la diriger. Quand il a contracté une habitude mauvaise ou ridicule, une petite manie, un tic, on est quelquefois très longtemps avant de pouvoir l'en débarrasser. Il en est de même de certaines formes de langage qu'il a d'abord employées par hasard, de certaines locutions, de mots pris à contresens, de fautes d'orthographe qu'on lui a mille fois corrigées, et qu'il recommence toujours.

L'éducation de la mémoire exige donc :

1º Qu'on l'exerce à retenir ce qui est instructif et ce qui vaut la peine d'être retenu;

2º Qu'on la rende ainsi plus régulière en l'habituant à suivre l'attention, et non à en dispenser;

3º Qu'on la mettant toujours au service des facultés plus élevées, telles que la raison, le goût, le jugement, on ne l'encombre jamais de souvenirs creux et vides.

Alors, plus maîtresse d'apprendre et de retenir ce qui est vrai, juste et bon, elle sera plus libre d'oublier ce qui est faux, malsain ou inutile.

Rôle et culture de l'imagination.

L'imagination tient de près à la mémoire, puisqu'elle aussi nous occupe souvent de ce qui n'est plus. Mais elle nous donne moins que la mémoire, en ce sens qu'elle ne nous restitue que des formes sensibles; et elle nous donne, d'autre part, bien davantage, puisqu'elle nous représente l'avenir, le probable, le possible, et même très souvent l'impossible.

L'imagination tient aussi de près à ce que nous avons appelé l'*intuition*, et elle s'en distingue. L'intuition pure et simple regarde une chose après l'autre. L'imagination retrouve et fixe devant elle des ensembles, alors même qu'elle ne les voit pas ou ne les voit plus.

On pourrait caractériser chacune de ces trois opérations de l'esprit en disant que l'intuition est un acte isolé, que la mémoire est une succession de conceptions plus ou moins ordonnées dans la durée passée; que l'imagination est la vue mentale d'un grand nombre de phénomènes évoqués simultanément.

Laissons de côté les intelligences qui font exception par leur grandeur ou par leur faiblesse : les artistes de génie, d'un côté; les malades, de l'autre. L'imagination, chez les natures moyennes, peut encore revêtir des caractères assez différents.

1° Nous trouvons d'abord des imaginations contemplatives et paresseuses : elles ne se donnent la peine ni de régler le cours de leurs fantaisies, ni de les comparer à la réalité. Une sensation les occupe : elles s'y absorbent et s'y perdent, visant toujours à la même chose, ayant plaisir à se sentir une certaine activité intellectuelle, sans néanmoins faire d'effort et sans se donner de peine. On désire une chose, on s'imagine qu'on la possède, et on s'abandonne ainsi à une illusion qui dure quelquefois longtemps.

2° D'autres ont l'imagination mobile, active et peu disciplinée. A propos d'une chose vue, d'un mot entendu, « ils partent », comme on dit, pour un monde de suppositions, d'explications, de préoccupations. Ils voient agir, ils entendent parler ceux qu'ils aiment ou ceux qu'ils redoutent; ils composent, ils jouent en idées des scènes qui les émeuvent autant que si elles étaient réelles. Ils oublient de vérifier la valeur de leurs conceptions en les comparant à la réalité qui les entoure. Leur imagination leur donne peu de repos, parce que, dans son souci d'accroître et de diversifier indéfiniment ses peintures, elle passe alternativement du gai au triste, du facile au difficile, épuisant en quelque sorte les plaisirs ou les douleurs dont elle se repaît, voyant promptement la fin d'un rêve quel qu'il soit, s'arrêtant alors un instant, puis s'agitant de nouveau pour en reprendre un autre.

3° Viennent enfin ceux qui imaginent et qui pensent, tout en observant : ils conçoivent et ils calculent, allant successivement du possible au réel, se préoccupant de les agrandir et de les consolider l'un par l'autre, regardant des yeux ce qui se voit, mais le complétant par ce qui ne se voit pas, se représentant ce qui ne se voit pas, mais le mettant d'accord avec ce qui se voit et se touche.

De ces différentes natures d'hommes, les uns ont une imagination parfois intense, mais peu variée, et qui, pour cette double raison, est tyrannique. Ils sont presque toujours sous le coup d'une idée fixe, qui tout à la fois offusque la raison et paralyse la volonté.

Les seconds ont une imagination riche, mais infidèle, où les choses sont déformées et tronquées, exagérées : ils les voient comme ils veulent les voir, au gré de leurs idées préconçues et de leurs préférences individuelles.

Les derniers seuls ont une imagination capable de leur rendre de réels services dans la culture de leur intelligence, dans l'exercice de leur profession, dans la pratique journalière de la vie : ils cherchent le nouveau, non le chimérique ; ils agissent avec ardeur et avec foi, pressés qu'ils sont par l'idée ; mais ils agissent en conformité avec les nécessités et les lois que les faits leur ont révélées.

Cette imagination, supposons-la parfaite.

Elle sera d'abord conservatrice et fidèle : autrement dit, les choses vues et entendues se peindront en elle et s'y fixeront.

L'imagination a beau être créatrice, elle ne peut pas créer de rien : elle modifie les impressions qu'elle a reçues, mais elle ne les invente pas complètement, elle n'en change pas radicalement la nature. Il faut donc avoir d'abord observé pour pouvoir ensuite imaginer ; ajoutons que, pour ne pas imaginer faux, il est nécessaire d'avoir observé juste. C'est pourquoi une imagination heureuse conserve beaucoup et conserve avec exactitude.

Cette fidélité cependant n'est pas servile. Une imagination appelée à jouer un rôle de quelque importance est élective, c'est-à-dire capable de discernement et de choix (comme la mémoire). Il est des choses qui salissent, rabaissent, ternissent l'imagination qui se les représente ; il en est d'autres qui l'éclairent, la parent, la réjouissent et la fortifient. Il y en a qui ne valent pas la peine d'être observées, à plus forte raison retenues, parce qu'elles sont banales, insignifiantes, inutiles ; d'autres demandent qu'on les contemple et qu'on s'en repaisse, soit parce qu'on y trouve le type achevé de ce que tout homme doit connaître et aimer, soit parce qu'on y rencontre la révélation de quelque chose de rare et de caché. L'imagination doit encore savoir choisir ce qui l'intéresse à un titre spécial. Il est bon de s'intéresser à tout ce qui est beau dans la nature et dans la vie ! mais nul individu ne peut être universel. Chacun doit se donner à sa profession, à son art ; chacun doit suivre

sa vocation, chacun aussi doit se consacrer avec plus de suite,
et plus d'énergie à ce qu'il est actuellement en situation d'apprendre ou de pratiquer dans des conditions particulières de
succès. Quand on s'attache à une œuvre quelconque, quand
on écoute une leçon ou qu'on en fait une, il faut être à ce que
l'on fait : il faut savoir préserver son imagination des distractions puériles, et ne lui demander de se mettre en frais que
dans l'intérêt du travail qu'il s'agit de mener à bien.

Si l'imagination choisit, si elle élimine certains détails et en
conserve certains autres, elle doit former des représentations
diverses dont elle s'est éprise un tout parfaitement lié. Il faut
qu'elle soit constructive : et qu'est-ce qu'une construction ? Un
assemblage de matériaux où tout se tient, où tout concourt à
la solidité de l'ensemble. C'est en cela surtout que l'imagination diffère de la simple intuition : car ces ensembles qu'elle
cherche, elle ne les trouve pas sans peine. Si elle se décourage ou si elle cède à l'attrait des visions faciles, elle ne fera
que des ébauches inconsistantes, dont il ne lui restera rien,
comme il ne reste rien d'un rêve incohérent ou d'un caprice
passager.

Ces constructions imaginatives (nous voulons dire ici for-
mées ou retrouvées par l'imagination) sont nécessaires partout.
« On ne comprend la mécanique que si l'on peut se représenter
clairement toutes les parties d'une machine, avec les agence-
ments qui les lient les unes aux autres, avec l'enchaînement
successif et l'harmonie de leurs mouvements. On ne comprend
bien un être vivant qu'à la condition de se le représenter aussi
comme une machine exercée où rien n'est laissé à l'état d'iso-
lement, où tout est vu à sa place, agissant de concert avec tout
le reste. On ne comprend pas bien l'histoire, si l'on ne se figure
pas les personnages en leur temps et dans leur lieu, avec leur
physionomie, leur costume et leur langage. La géométrie
même demande une aptitude à lire dans l'espace et à construire idéalement des systèmes de lignes où tout se tienne à
la double satisfaction de l'imagination et de la raison[1]. »

L'imagination a encore un dernier effort à faire pour être

1. Voyez notre *Cours de Philosophie*, 9º édition, p. 149.

parfaite : il faut qu'elle devienne vivante. Toute vie est construction, sans doute, mais toute construction n'est pas vie. La vie exige de plus une activité toujours prête à s'ajuster aux conditions extérieures ou à les dominer, toujours prête à se renouveler, s'il est nécessaire, et à produire des germes capables de grandir pour une organisation finale. Donnez à un homme d'imagination un détail quelconque, un fait isolé, un mot, un fragment : aussitôt il refait dans sa pensée l'ensemble tout entier. Voilà la vie. Mais l'homme d'imagination doit savoir que nul germe vivant ne se développe qu'avec l'aide de matériaux appropriés aux exigences spéciales de sa nature et assimilés par le travail du germe lui-même. Toute vie est donc organisation, donc choix, action et effort.

Voyons maintenant, selon notre méthode constante, ce qu'est l'imagination de l'enfant livrée à elle-même, et dans quelle mesure elle s'écarte ou a peine à se rapprocher de cet idéal.

En général, l'imagination de l'enfant est vive ; ce qu'elle se représente, elle se le représente de manière à en être, au moins pour le moment, très émue. Qu'on relise [1] ce que dit La Bruyère sur les jeux des enfants, sur les illusions qu'ils s'y donnent volontairement, sur les jouissances qu'ils s'y procurent : on retrouvera tout de suite le souvenir de cette vivacité d'imagination qui, dans notre enfance, nous a fait tant remuer, tant pleurer et tant rire, et nous a causé tant d'enchantements et de désespoirs.

Mais l'imagination de l'enfant est pauvre, elle ne trouve à sa disposition qu'un petit nombre de lignes, de couleurs, de mouvements. Il a encore peu vu, peu observé, peu retenu : les sensations qu'il a éprouvées ont pu être fortes, mais elles n'ont été ni bien variées, ni bien profondes ; ses impressions sont donc fugitives, et les images dont il remplit ses tableaux sont courtes.

Il en résulte que, pour se représenter ce qu'on lui dit, ce qu'on lui raconte, ce qu'on lui explique ou ce qu'il désire, il

---

1. Voyez plus haut, p. 79.

se sert du peu qu'il a vu. C'est là un inconvénient dont on
s'aperçoit à toute minute quand on pénètre dans l'âme de
l'enfant. L'intelligence humaine peut juger de ce qu'elle n'a
pas vu, mais elle n'en peut juger que par comparaison ou
analogie. L'imagination de l'enfant déforme donc les choses
plus encore que celle de l'homme fait, puisqu'elle rapporte
tout à ce qu'elle sait, et qu'elle sait encore très peu de chose.

Cette imagination est aussi très crédule, parce qu'elle n'a
pas encore fait assez souvent l'épreuve de la contradiction
qui existe entre l'imaginaire et le réel. Ce qu'elle se représente, elle tend donc à le croire vrai, par cela seul qu'elle en
est remplie et occupée. Il arrive souvent à l'enfant de mentir
inconsciemment et de porter, par exemple, de faux témoignages
en n'ayant qu'une idée très vague de l'énormité de ses
allégations. Une chose lui a été racontée ; on lui a fait croire
qu'il l'avait vue : il se la représente d'après le récit qui lui en
a été donné. L'a-t-il réellement vue ou n'a-t-il fait que l'entendre et l'imaginer ? Il n'en sait plus rien. Sa tendance à
croire que ce qu'on lui raconte « est arrivé » se donne donc
la plupart du temps libre cours.

Une autre conséquence de tout ce qui précède, c'est que
l'imagination enfantine est très mobile. Elle s'éprend du
nouveau, parce que pour elle il y a vraiment du nouveau tous
les jours. La curiosité naturelle à l'esprit humain est donc
plus excitée et plus satisfaite, satisfaite en tout cas à moins de
frais dans les premières années de la vie. De là un grand
empressement pour tout ce qui est inconnu ou mystérieux.
Cette mobilité s'accroît encore par le fait d'un désenchante-
ment aussi prompt que l'enchantement premier avait été
facile. L'enfant a l'imagination vive : il attend donc beaucoup
de ce qui est nouveau, et, précisément parce qu'il en attendait
beaucoup, il n'est jamais satisfait complètement de ce qu'il en
obtient. Il se promet beaucoup de plaisir et veut l'acheter par
peu d'effort. La déception est inévitable : aussi la direction
de l'imagination change-t-elle à toute minute. Le difficile
n'est pas de la mettre en mouvement, c'est de la fixer.

Enfin l'imagination de l'enfant se donne plus volontiers
encore au présent qu'au passé et à l'avenir. Le passé s'efface

vite pour lui ; l'avenir, il n'a guère de moyens à sa portée pour
le préparer. Ses vues sont courtes, elles vont à peine au
lendemain ou à des projets tellement rapprochés qu'il ne les
distingue guère de l'heure actuelle. Ce qu'il désire, d'ailleurs,
il le voudrait tout de suite, et il est rare qu'il pense bien
longtemps à ce qu'il ne peut pas réaliser sans délai.

Tous ces caractères, on le voit, se tiennent étroitement ; on
pourrait les résumer en quelques mots : l'enfant imagine
fortement, mais avec peu de variété, de richesse et de liberté,
parce que son imagination n'est pas encore assez alimentée
par le peu qu'il a vu et observé.

Comment exercer une telle imagination ? Comment la perfectionner? Comment l'amener à rendre à l'intelligence tout
entière les services qu'on peut en espérer ?

Nous touchons ici à l'une des parties les plus délicates de
la pédagogie. On demande à l'imagination de l'enfant des
efforts en sens divers. On l'invite à se tempérer dans les
choses qui lui plaisent naturellement, et à s'aviver, à
s'échauffer dans celles qui lui coûtent des efforts pénibles. On
veut la rendre moins libre, et on la souhaiterait plus active,
tout en étant plus disciplinée. On a raison de désirer tout
cela : si l'imagination de l'enfant peut s'intéresser à la nature
et à l'histoire, comme elle s'intéresse à ses jeux personnels, ce
sera une condition précieuse de succès.

Que faut-il faire en vue d'un tel résultat ?

D'abord alimenter l'imagination de l'enfant, en lui faisant
voir et toucher du doigt le plus de choses possible. De cette
façon, son esprit se peuplera d'images vivantes, précises,
réelles, et elle sera préservée du danger de déformer ce qu'elle
se représente, soit en y ajoutant des traits faux, soit en en
retranchant des détails vrais et nécessaires. On était bien
éloigné de cette méthode quand on faisait tout apprendre par
cœur, la géographie sans atlas, l'histoire sans dessins et sans
costumes, l'arithmétique sans applications concrètes, le dessin
lui-même sans une imitation assez variée de formes souples
et belles. Aujourd'hui, l'on sent la nécessité d'avoir montré
tout ce dont on parle et d'avoir familiarisé l'enfant avec les
proportions et les ensembles en l'exerçant à les reproduire.

En enrichissant ainsi l'imagination de l'enfant, on la dégage de ce qu'elle a si souvent de faux : on la rend aussi moins crédule, parce qu'on l'oblige à se comparer davantage à la réalité qu'on lui a fait voir. En la retenant plus longtemps sur les objets auxquels on veut l'intéresser, on la rend moins capricieuse. En lui remplissant l'avenir et le passé et les espaces invisibles de faits, de lois, de mouvements, de scènes dont le souvenir ou dont le pressentiment lui ont été justifiés, on l'arrache à la préoccupation trop exclusive et trop intéressée du moment présent.

C'est là, encore une fois, la grande difficulté, mais le grand attrait de l'éducation, de faire que l'imagination de l'élève puisse se complaire dans la représentation idéale de tout ce qu'il faut qu'il connaisse à fond. C'est à cette condition qu'il y pensera volontiers, qu'il y pensera souvent, qu'il y pensera fortement, avec le désir d'accroître et d'embellir lui-même ce qu'il a déjà appris et pratiqué. Il n'est pas donné à tout le monde assurément de ressusciter les siècles passés par la description qu'on en donne, de faire agir les personnages morts, de dérouler comme en un tableau parlant les révolutions de la nature, de montrer dans l'agencement des lignes géométriques les constructions puissantes que, seules, elles rendent praticables pour l'industrie, de restituer aux chiffres mêmes la vie, l'action, l'influence dont ils ont immobilisé les conditions dans des formules abstraites et desséchées. C'est cependant là le fond de la pédagogie.

Cultiver l'imagination, c'est donc ne la laisser étrangère à aucune étude où elle peut rendre des services.

C'est ensuite l'habituer à construire tout ce dont elle s'occupe, en n'y négligeant aucun détail important et en mettant chaque détail à sa vraie place, là où il contribue à éclaircir et à fixer la signification de l'ensemble; car le désordre et l'incohérence sont les ennemis mortels de l'imagination : ils l'épuisent et la stérilisent.

C'est, enfin, la familiariser avec tout ce qui est beau : car la beauté est l'expression par excellence de ce qui est vivant et fécond ; elle exige, quand on la cherche, elle apporte avec elle, quand on l'a trouvée, la force et l'harmonie. Or, où l'éducation doit-elle chercher le beau, pour le mettre à la portée de l'enfant? Partout !

Elle doit lui faire aimer la beauté de la nature, dans ses scènes les plus simples et les plus grandes. Elle doit la lui faire aimer dans les œuvres d'art, dans l'harmonie des chants bien disciplinés et bien rythmés, dans les monuments de nos grands écrivains ; elle doit surtout la lui faire aimer dans ces actes soutenus d'héroïsme et de dévouement que renferment les existences de nos grands hommes. L'amour et l'intelligence de tout ce qui est vraiment beau font apprécier en toutes choses ce qui exprime la force aisée, soutenue, ordonnée dans ses efforts. Ce sont là des goûts dont l'imagination profite grandement, mais dont profitent aussi toutes les habitudes et toutes les puissances de la personne.

Rôle et culture du jugement et du raisonnement.
La réflexion.

Est-il besoin d'insister sur le *rôle* du jugement et du raisonnement ? Non, puisque juger et raisonner, c'est là « l'intelligence » proprement dite. Juger, c'est affirmer, c'est croire : c'est donc penser et agir activement d'après une résolution personnelle. Une intelligence qui ne juge pas, c'est-à-dire qui ne prononce et ne se décide sur rien, remet la direction de la vie au hasard et aux caprices de la sensibilité. C'est pourquoi Pascal a pu dire, avec autant de vérité que d'énergie : « Nier, croire et douter bien (autrement dit, bien juger) sont à l'homme ce que le courir est au cheval. »

D'autre part, qu'est-ce que raisonner ? Nous l'avons vu, c'est chercher des raisons de poser et de justifier des jugements nouveaux, des croyances nouvelles.

Il est donc bien plus important de chercher comment se cultivent, chez un élève, le jugement et le raisonnement que de s'attarder sur l'importance évidente de ces opérations fondamentales.

Observons cependant qu'il y a des degrés et des nuances ici comme partout.

L'enfant commence par juger et par affirmer sur la foi d'au-

trui, sans s'être rendu compte par lui-même des motifs de
son jugement. Il n'osera pas rester dans le doute, il n'osera
pas demeurer indifférent, il n'osera pas s'arrêter en chemin,
quel que soit le but qu'il poursuive ; il sait cependant peu
de chose, et les moyens d'éprouver la vérité de ce qu'il croit
ne sont pas pour lui très nombreux. Il ne peut donc satisfaire
son besoin de croire et de juger qu'en s'en rapportant aux
autres. Pendant longtemps, d'ailleurs, on ne lui apprendra que
les choses les plus indispensables, les mieux acceptées, les
moins exposées à être contredites, quelquefois aussi les
moins vérifiables par expérience. Il en croit donc ceux dont il
dépend, ceux dont il a besoin, ceux qu'il aime. C'est pour
ces derniers une grave responsabilité : plus l'intelligence à
laquelle on s'adresse est crédule et confiante, plus on doit se
surveiller dans le choix des jugements qu'on lui suggère.

Un moment vient où tout change, en apparence tout au
moins. Quand l'enfant cherchait l'appui de ses parents ou de
ses maîtres, et qu'il s'y reposait avec naïveté, il affirmait beaucoup ; il ne doutait de rien de ce qu'on lui avait dit. Quand il
fait l'essai de ses propres forces et essaye de s'émanciper, il
nie ou il doute à outrance : crise encore plus dangereuse,
mais dont il faut essayer de le faire sortir avec la volonté de
ne plus affirmer, de ne plus nier et de ne plus douter qu'à
bon escient.

Qu'est-ce qui prépare l'enfant, disons plutôt, qu'est-ce qui
prépare l'homme en général à juger de la sorte ? La réflexion.
« La réflexion, dit Mme Necker de Saussure[1], n'est autre
chose que la pensée qui s'observe elle-même pour se juger. »

La pensée, en effet, commence par se représenter les choses
d'une façon quelconque, sans y mettre rien du sien.

Si cette représentation a une certaine vivacité, elle s'y complaît par cela même, et le jugement spontané, irréfléchi, qui y
succède, ne se conforme qu'à des apparences à tout le moins
très incomplètes. C'est sur ces premiers entraînements que la
pensée doit s'arrêter, pour les suspendre, s'il le faut, pour les
achever, s'il y a lieu, mais alors en les rectifiant. L'absence de

1. NECKER DE SAUSSURE, L'Éducation progressive, II, 5.

réflexion est la source de toutes les erreurs; l'habitude de la réflexion est la meilleure de toutes les garanties pour la probité et pour la sûreté de l'intelligence. On ne saurait donc trop insister sur les origines, sur les caractères, sur les effets, sur le développement de la réflexion.

. Tout mouvement risque d'être arrêté par un obstacle qui lui résiste. Ainsi l'homme qui laisse aller sa pensée et sa parole ne peut pas ne pas rencontrer de contradiction : s'il agit comme il pense et comme il parle, c'est-à-dire au hasard, il ne peut pas ne pas se heurter à des difficultés souvent douloureuses. L'arrêt qui en résulte est la première occasion de la réflexion.

De tel groupe de personnes on a dit, dans une boutade spirituelle : « Quand elles réfléchissent, c'est qu'elles ont fait quelque sottise. » Mais c'est déjà quelque chose d'heureux que de réfléchir *après* qu'on a dit ou fait quoi que ce soit d'imprudent. C'est le moyen de comprendre pourquoi l'on s'est trompé, d'apercevoir l'obstacle témérairement dédaigné et de se mettre en état de mieux ajuster une autre fois sa conduite à des nécessités mieux vues et mieux connues. S'agit-il d'une difficulté spéculative, d'un problème; on s'aperçoit qu'on n'est arrivé à aucune solution, ou, ce qui revient au même, que la solution à laquelle on avait cru aboutir est absurde : on cherche alors quelle donnée on a négligée ou faussée, à quelle analogie trompeuse on a cédé, etc. S'agit-il d'une difficulté pratique; on se demande d'où est venue la résistance, sur quel point on s'était exagéré telle ou telle aide, dont on n'avait pas mesuré l'étendue et la portée, comment on avait, au contraire, oublié ou méprisé certaine ressource, dont on aurait pu tirer bon parti. Quiconque examine ainsi, après coup, sa propre conduite et ne craint pas de se confesser à soi-même ses erreurs, acquiert promptement une « expérience » précieuse. Le progrès décisif consistera à réfléchir *avant* de s'engager, avant de se prononcer, avant de prendre une résolution. Mais, pour passer de cette réflexion tardive à la réflexion anticipée qui prévoit les fautes, qu'y a-t-il à faire ? Se souvenir des épreuves et des remarques antérieures, et chercher en quoi ce qui est projeté ressemble à ce qui a été déjà tenté ou en diffère.

Prenons maintenant la réflexion en général, qu'elle s'exerce avant ou après. Comment opère-t-elle, et quels en sont les principaux effets ?

La réflexion fixe pendant quelque temps la perception, le souvenir, l'image, l'idée sur laquelle elle se porte : elle la prolonge ou elle la réitère.

Mais la réflexion n'en reste pas à une contemplation passive, la chose vue ne garde pas pour elle la monotonie de son premier aspect. Toutes les idées déjà acquises sur des objets ou sur des faits analogues reviennent à l'esprit; elles y reviennent comme termes de comparaison, comme points d'interrogation, comme instruments d'analyse. C'est en faisant ces comparaisons, c'est en cherchant la réponse à ces questions, c'est en poursuivant cette analyse, que la réflexion multiplie la perception des rapports qu'elle peut saisir entre l'objet auquel elle s'attache et mille autres précédemment observés.

Ces comparaisons cependant peuvent être décevantes : car jamais la nature ne se répète avec une absolue fidélité dans tous les détails de ce qu'elle produit. La réflexion doit donc s'attacher à ces rapports pour dégager ceux qui sont constants de ceux qui sont accidentels : c'est là son travail le plus délicat et le plus utile. Songez à ce que vous direz à un enfant étourdi qui aura commis une imprudence ou dit une sottise : « Vous avez voulu, lui direz-vous, imiter tel ou tel personnage; mais vous n'avez pas réfléchi que les circonstances n'étaient pas les mêmes, que vous étiez plus jeune et moins fort, que vous n'aviez pas les mêmes droits. Souvenez-vous de l'âne et du petit chien, du chêne et du roseau, du corbeau qui veut enlever un mouton comme l'aigle », et ainsi de suite.

En d'autres termes, la réflexion doit opérer sur les souvenirs et les prévisions, comme l'observation sur les faits visibles et tangibles[1].

Quelles difficultés rencontre-t-elle? Avant tout, la paresse, ou l'indifférence, qui en est la forme habituelle. Quand on affecte de dédaigner une chose, c'est bien souvent qu'on ne veut pas s'imposer la peine qu'elle exige. On met ainsi

1. Voyez plus haut, page 96.

son amour-propre à couvert, tout en ménageant sa faiblesse. L'enfant, à coup sûr, est curieux. Mais il y a deux espèces de curiosité : l'une est facile, elle provient de la distraction et elle l'entretient, elle se porte sûr ce qui amuse, sur ce qui flatte, sur ce qui est défendu ; elle glisse à la surface des choses avec une mobilité qui ne permet de rien retenir de bon ni d'utile, de ne rien remarquer de suivi. L'autre curiosité est celle qui veut trouver ce que tout le monde n'observe pas, ce qui se dérobe et se cache, ce qui exige de la persévérance et de la patience. La première curiosité se satisfait de tout, ne s'étonne de rien, mais ne s'arrête longtemps à rien. La seconde justifie cette maxime d'un grand philosophe, que « l'étonnement est le commencement de la science »; elle souffre des contradictions qu'elle aperçoit, elle tient à les lever ; et, loin de vouloir diminuer ses efforts, elle cherche les occasions de les renouveler avec profit. C'est donc cette seconde curiosité qu'il s'agit de provoquer et d'encourager, si l'on veut habituer l'enfant à réfléchir.

Un autre obstacle à la réflexion, c'est le parti pris de tout rapporter à soi-même, à ses penchants, à ses vices, à sa fantaisie individuelle et à sa fantaisie du moment. Un être « intelligent » se distingue précisément à ce caractère, qu'il est capable de saisir des rapports n'intéressant pas immédiatement ses appétits et ne lui procurant point de plaisir facile. Réfléchir, afin de bien juger, c'est donc, comme dit Descartes, éviter la précipitation et la prévention, c'est faire taire sa colère ou son envie ou son amour-propre ou son désir d'en avoir plus vite fini avec un examen fatigant.

Y a-t-il quelques moyens de vaincre les obstacles qui s'opposent à cette bonne éducation du jugement ?

Le premier, c'est, à coup sûr, d'intéresser les enfants à ce qu'on leur enseigne et d'éveiller leur curiosité scientifique par l'attrait qu'on sait donner à l'exposition de la vérité. On ne peut se lasser de répéter que là est la meilleure de toutes les pédagogies, celle dont nulle autre ne tient lieu, et qui elle-même peut suppléer victorieusement à une multitude d'insuffisances.

Il est cependant certaines méthodes qu'il est bon de ne pas dédaigner.

Ce qu'il s'agit de découvrir et d'apprécier dans les choses qui nous entourent, c'est moins leur existence ou leur apparition que la nature des rapports qu'elles ont les unes avec les autres. Un jugement est donc presque toujours le résultat d'une comparaison et d'un rapprochement, qui nous montre ce que l'objet ou le fait examiné est par rapport à un autre, comment il le produit, le supprime ou le modifie... On ne juge un homme que quand on l'a vu dans des circonstances diverses et aux prises avec des difficultés variées. Dans la nature également tout est source d'action, tout est force; mais nulle force n'agit que stimulée ou aidée par d'autres, et les sciences les plus riches sont celles qui nous font connaître les innombrables propriétés naissant des combinaisons indéfinies des corps.

C'est pourquoi le philosophe anglais Bain a raison quand il recommande à l'éducateur de rapprocher devant l'enfant le plus d'objets qu'il est possible. « Pour comparer deux notes, dit-il, nous les faisons entendre rapidement l'une après l'autre; pour comparer deux nuances de même couleur, nous les juxtaposons; pour comparer deux poids, nous en mettons un dans chaque main, et nous examinons tour à tour chacune des sensations qu'il détermine. » Bain multiplie ainsi les exemples tirés de l'ordre physique, et il s'y tient. Mais la réflexion doit porter aussi sur les faits d'ordre moral. Là encore on la secondera efficacement, si, à propos d'une loi historique ou scientifique ou d'une règle de conduite, on multiplie les exemples, et si, en rapprochant les « cas » que l'on veut faire connaître, on les ordonne en série. Cette dernière précaution est de la plus haute importance.

En effet, il s'agit d'abord de réfléchir sur les ressemblances et les différences. C'est un exercice intéressant et fort utile que de remarquer les ressemblances des choses qui ont pu sembler les plus différentes et les différences des choses les plus semblables en apparence. La nature se répète, mais elle se répète avec des variétés dont il est nécessaire de tenir compte. Celui qui voit partout les analogies cachées est un esprit inventeur, hardi, toujours disposé à aller de l'avant; là où les autres se croient dans l'obscurité, lui voit, dans les rapprochements qu'il imagine, des raisons de croire et d'affirmer, puis des raisons d'agir. Celui qui voit les différences est plus mesuré dans ses conclusions, il est aussi plus circonspect dans les interventions qu'il tente : car il craint toujours que ce qui a été vrai dans un cas ne le soit pas dans un autre, que ce qui a réussi dans une circonstance donnée n'échoue dans une circonstance nouvelle où il y a certains accidents en plus ou en moins. La perfection serait d'avoir assez réfléchi pour apercevoir également les ressemblances et les différences : alors on marcherait, mais en s'éclairant; on trouverait dans les rapprochements qu'on aurait faits des ressources de toute nature, mais on les emploierait avec prudence; on en mesurerait l'emploi aux exigences et aux possibilités remarquées dans le cas nouveau.

S'il est difficile d'atteindre à cette perfection (comme à toute autre), c'est un bon moyen de s'en approcher que de prendre l'habitude de construire toujours ce que nous appelions plus haut une *série*.

Prenez les corps chimiques d'une même famille ; prenez les variétés d'un même type en histoire naturelle ; considérez les formes diverses d'une même maladie, morale ou physique ; voyez les progrès successifs que peut réaliser l'effort d'une vertu persévérante ou les ravages que peut opérer l'action d'un vice tenace ; partout vous devrez apercevoir une série. Mettre chaque être ou chaque phénomène à sa place dans la série à laquelle il appartient, c'est là l'œuvre par excellence du savant, qui suit la vie de la nature dans ses évolutions. S'inspirer de ces travaux pour mettre sous les yeux des élèves des séries d'exemples bien ordonnés, c'est récréer l'esprit et le soulager, car c'est lui faire retrouver une unité constante sous une variété qui plaît et qui occupe; c'est l'habituer à chercher toujours, dans la comparaison des ressemblances et des différences, une source de jugements mieux éclairés, mieux mesurés et en même temps plus pénétrants que ceux du vulgaire.

Si l'on veut multiplier les jugements et surtout les lier, la réflexion doit prolonger son œuvre sous la forme du raisonnement.

Ici le maître doit distinguer soigneusement deux choses : les règles du raisonnement telles que les donne la logique, et l'art de les appliquer utilement.

Rappelons ici que *raisonner* c'est aller du connu à l'inconnu. Avant donc de construire un raisonnement, il faut distinguer ce qui est connu de ce qui ne l'est pas. Qu'il s'agisse d'un problème de mathématiques, d'une spéculation à tenter, d'une opinion à faire triompher, le premier soin doit être de constater ce qui est acquis. Voulez-vous trouver votre route, essayez d'abord de savoir exactement où vous êtes. Habituer l'enfant à voir clair dans ce qu'il sait, à ne pas gaspiller ses efforts pour chercher ce qu'il a déjà, à ne pas remettre inutilement en question ce qui est pleinement démontré, voilà le premier travail. Il faut l'accoutumer aussi à savoir sur quoi il raisonne. On a souvent raillé des hommes de science qui, entendant parler d'un prétendu fait, raisonnaient tout de suite à perte de vue pour l'expliquer, et oubliaient de regarder tout simplement pour voir si le fait était réel. La constatation du fait ne rentre pas dans le raisonnement proprement dit; mais elle doit toujours le précéder. Le raisonnement, en effet, cherche la solution d'une question; mais il faut d'abord savoir s'il y en a une. Il arrive souvent qu'on raisonne à vide, soit parce qu'on raisonne sur ce qui est déjà certain, soit parce qu'on raisonne sur ce qui n'existe pas. C'est là le défaut des esprits brouillons et agités.

Mais il y a un défaut inverse, fréquent chez les esprits lourds et paresseux. Il consiste à vouloir s'en tenir obstinément à ce qui a été vu et constaté, et à ne pas vouloir aller au delà. Les premiers ne tenaient pas assez compte de ce qui leur était connu (ou pouvait l'être facilement); les seconds ne tiennent pas assez compte de l'inconnu, ils ne savent pas le pressentir, et ils n'ont ni assez de curiosité ni assez de courage pour essayer de le dégager.

Pressentir un inconnu, c'est ne pas être tout à fait satisfait de ce que l'on voit dans le connu; c'est chercher quelque chose au delà, qui le complète, qui l'explique; c'est aussi trouver dans le connu comme une révélation encore obscure, mais attirante, qui captive l'esprit et qui le soutient dans son effort. Si donc l'on veut apprendre à l'enfant à raisonner, il faut avoir soin de lui dire très souvent : « Vous êtes-vous posé telle question ? Vous êtes-vous demandé pourquoi telle chose s'était produite ? Non. Alors, comment vous expliquez-vous tel fait ? Comment l'accordez-vous avec tel autre, dont avez été témoin ou dont vous êtes sûr ? etc. ».

Cette méthode interrogative a reçu dans l'histoire de l'esprit humain un nom qui est bien fait pour la recommander. On l'appelle *méthode socratique*.

Socrate faisait raisonner ses disciples (ou ses adversaires) de deux façons différentes : 1° pour les faire aboutir à une vérité qu'ils n'avaient pas vue ; 2° pour les débarrasser d'une erreur dont ils ne se doutaient pas.

Il s'appuyait sur ces deux principes : 1° toute vérité contient en elle-même d'autres vérités ; 2° toute erreur contient en elle-même d'autres erreurs. Il pensait donc qu'on peut toujours faire trouver à un esprit moyen : 1° les vérités qui sont identiques à une vérité déjà reconnue, si simple soit-elle ; et on peut toujours partir de vérités très familières pour arriver de proche en proche à des vérités plus élevées, parce que tout se tient ; 2° les erreurs plus grosses, plus visibles, contenues dans une erreur qui, moins aisée à discerner, s'était glissée dans les jugements ; l'identité établie, elle aussi, de proche en proche, entre l'erreur qui se dissimulait et celle dont le caractère ne peut être ni caché, ni méconnu, amène forcément la répudiation de la première [1].

1. Voici un exemple, entre autres, de cette méthode. Il est emprunté à Xénophon, qui rapporte ainsi un entretien de Socrate avec Euthydème : « Dites-moi, Euthydème, la liberté vous paraît-elle le plus beau, le plus grand de tous les biens pour un particulier et pour un État ? — Je n'en connais pas de plus estimable. — Celui qui se laisse dominer par la volupté, et qu'elle empêche de faire de belles actions, le jugez-vous libre ? — Nullement. — Le pouvoir de bien faire est peut-être ce que vous appelez la *liberté*, et vous regardez comme une servitude d'entretenir en vous-même des maîtres qui vous ravissent ce pouvoir ? — Voilà précisément ma pensée. — Ainsi les hommes intempérants ne sont à vos yeux que des esclaves ? — Certainement, et à juste titre. — Croyez-vous que les intempérants en soient quittes pour ne pouvoir faire le bien ? Ne

Cette méthode a l'avantage d'empêcher l'enfant de s'égarer dans ses premiers raisonnements ; elle l'amène à poser lui-même les principes dont on lui fait apercevoir ensuite les conséquences. Elle l'aide aussi à trouver les *données* de la question qui l'intéresse, données sans lesquelles le raisonnement serait impossible. Mais il est bien évident qu'elle n'est fructueuse que quand la connaissance de ces principes et de ces données est déjà au moins ébauchée dans l'esprit de l'enfant. Autrement les efforts, si ingénieux qu'ils soient, de l'interrogateur, ne produiront rien sur l'élève. Celui-ci se laissera arracher ou souffler des mots qui resteront pour lui vides de sens ; il se laissera entraîner plutôt que conduire de réponse en réponse, sans rien comprendre à l'ordre suivi, sans être pénétré de la vertu d'aucune des propositions qu'il aura machinalement répétées. C'est le cas de rappeler ici ce proverbe suisse : « L'autour et l'aigle même ne peuvent prendre les œufs des oiseaux dans les nids, lorsqu'il n'en a pas été déposé. »

La méthode. Ses différents procédés. Induction et déduction.

L'école n'est pas un lieu de découverte ni d'investigation scientifique. Mais à mesure qu'on initie les élèves aux démonstrations, aux lois, aux inventions acquises et consacrées, on les initie en même temps à la méthode qui les fit trouver. L'esprit s'agrandit et s'enrichit à mesure qu'il comprend les œuvres des grands hommes ; mais il les comprend d'autant mieux qu'il s'associe après coup aux efforts que ces œuvres ont coûtés, et qu'il suit lui-même pas à pas la voie suivie. Bien enseigner une vérité, c'est donc enseigner aussi la façon dont elle a été pressentie, cherchée, trouvée et mise en lumière.

Bien peu d'élèves, assurément, seront à même de faire par la suite, pour leur propre compte, des découvertes analogues.

pensez-vous pas qu'ils sont forcés de faire bien des choses honteuses ? — etc., etc. »

Fénelon, dans son *Traité de l'Éducation des Filles* (notamment au chapitre VII), a donné, lui aussi, quelques exemples familiers de cette méthode appliquée à la démonstration des vérités les plus sublimes.

Il faut cependant les pénétrer de cette idée, qu'il n'y a pas deux manières de raisonner, une pour la science et une autre pour les usages quotidiens de la vie. Le savant cherche des faits plus cachés, il en accumule un plus grand nombre, il y réfléchit davantage, il rapproche et il coordonne une suite plus longue de propositions; ses raisonnements sont conduits avec plus de soin et un respect plus scrupuleux des exigences de la pensée; mais au fond le raisonnement est un.

C'est pourquoi les méthodes dont traite la logique gagneraient à être montrées dans leurs applications familières : les enfants seraient ainsi mieux persuadés que ces méthodes sont faites pour eux comme pour tous, et que rien ne les oblige à en laisser l'usage aux physiciens et aux chimistes de profession.

Une première habitude à leur donner, ce serait de distinguer ce qui est question de raisonnement pur et ce qui est question de fait. C'est une tendance inhérente à tout être humain, dans quelque condition qu'il soit placé, de s'en fier à la force de son raisonnement, de vouloir tout prédire et tout prévoir, ce qui le dispense d'y regarder souvent et de près, et ce qui le dispense aussi d'attendre, pour se prononcer, les résultats de l'expérience. Toute éducation, à quelque degré qu'elle s'arrête, peut combattre cette habitude, comme elle peut combattre la présomption et la paresse et stimuler la curiosité.

En quoi consiste la *routine*, ennemie de tout progrès chez les travailleurs abandonnés à eux-mêmes? Elle consiste à poser, comme acquis, des principes qu'on n'a jamais vérifiés, à en tirer des conséquences auxquelles on croit d'autant plus fermement qu'on a moins raisonné pour y aboutir, et à fermer les yeux sur les démentis qu'on reçoit de l'expérience. Quelquefois, sans doute, la routine est simplement une habitude aveugle et qui ne réfléchit sur rien. Mais souvent aussi la routine est présomptueuse, orgueilleuse et raisonneuse. Elle raisonne beaucoup, mais à faux. Consentir à voir ce qui est et à s'incliner devant le fait, consulter la nature et vérifier constamment l'idée qu'on en a, ce sont là des dispositions d'esprit auxquelles ne supplée aucune règle de la logique, et que l'éducation doit essayer de communiquer à tous.

La psychologie et la logique nous définissent exactement l'induction et la déduction : la première qui, ayant constaté un certain nombre de faits particuliers, dégage les rapports constants et universels qui les gouvernent, autrement dit la *loi* ; la seconde qui, ayant posé une vérité générale, en tire les vérités particulières qu'elle contient.

Arrêtons-nous d'abord à la méthode inductive. Les exercices d'observation, s'ils ont été bien conduits[1], en ont, pour ainsi dire, assis les bases. L'observation n'est pas toute l'induction, mais elle y mène : il est impossible, en effet, de bien observer sans remarquer la similitude ou la diversité des circonstances et sans se dire peu à peu que tel fait se reproduit dans tel cas, qu'il ne se reproduit pas dans tel autre, sans prévoir, par conséquent, les conditions dans lesquelles il faut s'attendre ou non à le voir revenir. Or, qu'il s'agisse d'un fait usuel et vulgaire ou d'un fait très important, c'est là ce qu'on appelle une *induction.*

La logique recommande d'*expérimenter,* c'est-à-dire de provoquer artificiellement l'apparition de certains faits dans des circonstances différentes, afin de voir plus clairement la condition du phénomène. Or, on peut faire de telles expérimentations partout : les *jardins d'enfants* s'y prêtent tout aussi bien que les grandes cultures de la ferme et que les champs d'expérience de nos administrations publiques.

Quant à la déduction, elle est tellement dans les habitudes de nos esprits qu'il s'agit bien plus de la régler que de l'exciter. D'elle-même, l'intelligence de l'enfant érige en maximes universelles tout ce qu'elle a entendu dire, et elle en tire des conséquences sans hésiter. Il nous semble donc que le maître doit surtout avoir en vue de réprimer les sophismes ou paralogismes, c'est-à-dire les imprudences, les illusions, les témérités du raisonnement.

Rien de plus fréquent que ces sophismes dans les rapports des enfants avec leurs camarades et avec leurs maîtres :

Pétition de principe, qui suppose vrai ce qui est précisément en question et prétend tirer la démonstration de ce qui

1. Voyez plus haut, pages 95-97.

aurait besoin d'être démontré : « Le maître m'a puni parce qu'il m'en veut » ;.

Cercle vicieux, où l'on donne pour preuve de ce qu'on avance la supposition même d'où l'on est parti : « Le maître m'a puni, parce qu'il m'en veut. — Vous voyez bien qu'il m'en veut, puisqu'il m'a puni sans que je le mérite » ;

Ignorance du sujet, qui discute sur autre chose que ce qui est en question ;

Ambiguïté des mots, qui attribue tour à tour à un même mot les sens divers qu'il peut avoir dans la langue : on prétend raisonner sur une même chose, alors que, passant du sens propre au sens figuré, on fait intervenir en réalité deux conceptions différentes.

Ces vices de raisonnement ont beau être exprimés par des noms techniques : ils se reproduisent à tout instant dans la vie commune. Ils sont l'occasion d'injustices, d'illusions, d'écarts et de déceptions sans nombre. Que le maître donc, dans ses interrogations, rappelle à tout instant son élève à ce qui est en question, qu'il lui fasse expliquer les mots dont il se sert, qu'il ramène sous ses yeux ce qui lui a été déjà démontré et ce qu'on se propose de démontrer. C'est dans l'usage de la « déduction », qu'il faut surtout le surveiller : car l'enfant — l'adulte lui-même — ne déduit la plupart du temps qu'en sautant avec rapidité d'une proposition générale à une proposition particulière. Ni nos habitudes d'esprit, ni notre langage ne se prêtent à un emploi de déductions complètes, régulières et prenant la forme du syllogisme. Il n'en est que plus nécessaire de prémunir les intelligences contre les dangers de ces à peu près qui se glissent dans nos réflexions et dans nos disputes, et qui prennent les apparences trompeuses d'un raisonnement.

Un tel travail est un travail de tous les jours : il exige beaucoup moins la connaissance technique de certaines règles que l'usage réfléchi des mots de la langue.

Regarder ce que l'on voit est la grande condition du raisonnement inductif.

Comprendre ce que l'on dit est la grande condition du raisonnement déductif.

Méthodes d'enseignement. Étude particulière des procédés applicables à chacune des parties du programme.

Abordons maintenant la suite des études qui composent l'enseignement primaire. Quel est l'esprit qui doit présider au choix des méthodes ? Quels sont les procédés principaux qui répondent le mieux à cet esprit ?

Des réflexions qui précèdent, nous avons conclu : En tout genre d'études, il est nécessaire de faire appel à toutes les facultés et de n'en développer aucune au détriment des autres ; en tout genre d'études, il faut essayer de répondre à l'ordre logique de l'enchaînement des connaissances et à l'ordre de développement des facultés intellectuelles dans l'enfance et l'adolescence. Ne perdons pas de vue ces deux principes.

L'ensemble des connaissances distribuées dans les écoles peut se diviser en deux groupes, dont on peut dire qu'ils répondent à peu près aux deux grands modes du raisonnement de l'esprit humain. D'abord on enseigne à l'enfant à débrouiller ses propres idées, telles qu'elles lui viennent dans son commerce incessant avec les hommes, à les exprimer, à comprendre celles des autres, à retenir et à comprendre ce que l'influence de ces idées a fait exécuter aux différentes fractions de l'humanité.

On enseigne ensuite à l'enfant quelles sont les forces naturelles au milieu desquelles son activité est appelée à s'exercer, à quelles conditions il peut s'en servir ou les vaincre.

Sur beaucoup de points, ces deux ordres d'études se touchent et se mêlent ; il est néanmoins permis de les distinguer.

Lecture et écriture. — Les premières connaissances par lesquelles on débute partout sont la lecture et l'écriture. Comme en pédagogie rien n'est à dédaigner, on a quelquefois discuté pour savoir s'il fallait commencer par la lecture ou par l'écriture, ou si l'on devait mener de front ces deux exercices.

Il est certain qu'on connaît d'autant mieux une combinaison de formes et de lignes qu'on est plus capable de la reproduire soi-même. Si l'on veut instruire un adulte, resté longtemps illettré, peut-être fera-t-on bien de lui donner ainsi tout d'abord les lettres à copier et de lui apprendre la lecture par l'écriture. Mais chez l'enfant la main est plus lente à reproduire que l'œil à discerner. L'expérience ici a fait loi : on a vu que le petit enfant était plus vite en état de retenir mentalement les formes des lettres que de les imiter ; on a vu aussi que la lecture, associée à la vue d'images faciles à reconnaître, et attrayantes, en arrivait bientôt à être une récréation presque autant qu'un travail, tandis que l'application à tenir sa plume, à rester penché sur son papier, à rectifier son dessin, demeure longtemps pénible. Puis à quoi tend l'écriture ? A communiquer et à fixer ce qu'on a dans l'esprit. A quoi sert la lecture ? A apprendre ce qui a été dit par les autres. Celle-ci est donc plus nécessaire que celle-là chez un petit enfant qui doit « recevoir », et qui a tout à apprendre.

Ainsi, les nécessités de l'ordre logique des connaissances et les nécessités de l'ordre psychologique du développement intellectuel sont ici pleinement d'accord.

Sur l'enseignement de l'écriture un problème fort curieux a été soulevé par Pestalozzi. Suivant lui, les lettres ne sont que des formes géométriques altérées, devenues irrégulières et capricieuses : « Mieux vaudrait, dit-il, faire d'abord reproduire par la main de l'enfant des formes irréprochables. » Ce scrupule est bien métaphysique. Il n'est point question d'initier l'enfant aux origines, fort obscures, du reste, de l'écriture ; il est question de l'initier aux moyens pratiques de communiquer avec les autres. Essayer de faire voir à un écolier de six ans le rapport, très problématique, d'un o ou d'un a avec un cercle ou un carré, serait une complication fort inutile.

Il est plus urgent de surveiller les habitudes que prend l'enfant lorsqu'il commence à écrire. Ces habitudes intéressent d'abord l'hygiène (par la tenue et par l'attitude), puis la propreté, puis la fidélité au modèle, puis la clarté qui, de l'expression de la pensée, vient se refléter dans la pensée même.

Des gens d'esprit s'étudient à retrouver dans les formes de l'écriture des indices du caractère et des qualités ou des défauts de l'intelligence. Peut-être, en effet, l'écriture naturelle[1]

_____

1. J'entends par là celle qui n'est ni réformée par une discipline

peut-elle révéler quelque chose de la décision ou de l'indécision, de la netteté ou de la confusion, de la lenteur ou de la promptitude, de l'esprit formaliste ou de l'esprit indépendant de celui qui écrit. Si cela est, il n'y a peut-être pas grand intérêt à faire disparaître tous les modes individuels d'écriture en les ramenant de force à un type uniforme et insignifiant ; mais il y a quelquefois grand intérêt à les rectifier, quand il en est temps, à les soustraire à certaines habitudes parasites, à leur imposer des formes terminées, distinctes et par conséquent lisibles.

Beaucoup d'enfants sont aussi incertains, aussi trébuchants, aussi difficiles à suivre dans la lecture que dans l'écriture ; ils passent des lettres, ils confondent un mot avec un autre, ils négligent absolument toute liaison, ils ne font pas attention à la ponctuation, ils disent tout sur le même ton, ils bredouillent. En indiquant ainsi rapidement les abus de la lecture mal dirigée, nous montrons, ce semble, assez clairement l'importance d'une bonne méthode de lecture. Bien lire, c'est d'abord se mettre en état de bien voir et de bien retenir l'orthographe des mots : ce point est très important. Les enfants qu'on n'a point accoutumés à épeler, et qui ont eux-mêmes une tendance à lire très vite, apprennent l'orthographe beaucoup plus difficilement que les autres.

Bien lire, c'est aussi se mettre en état de suivre la pensée du texte ; c'est s'ajuster, sans grand effort et presque sans s'en douter, aux exigences de la syntaxe ; c'est s'exercer, enfin, à mieux saisir, en s'y associant et en les faisant valoir, les intentions de l'auteur.

La lecture, ainsi entendue, touche de près à la récitation, qui est comme la lecture de mémoire. Dans les familles et dans les écoles enfantines, on n'attend pas toujours que l'enfant sache lire pour lui faire apprendre et réciter quelque chose, une prière, un chant facile, une petite fable, un « compliment ». On a raison. Laissons de côté la valeur instructive et

systématique, ni déformée par des habitudes comme celles de l'homme qui écrit beaucoup et qui pense infiniment plus à ce qu'il écrit qu'à la manière dont il l'écrit.

récréative de ce que l'on confie ainsi à sa mémoire : on l'exerce à bien prononcer, on le contraint, pour ainsi dire, sans violence, à prendre lui-même le mouvement, l'allure, le rythme et l'expression qui font la signification poétique et le charme du morceau. On lui organise, on lui embellit le moule dans lequel grandiront ses propres pensées. Lorsqu'il récite avec une autre personne, dont il répète les paroles et reproduit l'intonation, il récite presque toujours bien. Quand il est à l'école et qu'il apprend lui-même par cœur, il récite beaucoup plus mal, parce qu'il est obligé de faire lui-même la traduction orale de ce qu'il a lu.

Mais alors il n'en importe que plus de surveiller son mode de récitation et d'obtenir qu'il y développe les qualités de prononciation, d'accent et d'expression qu'on lui demandait déjà dans la lecture.

On peut souvent avoir besoin de ménager le temps à l'école primaire pour faire place à des exercices utiles et pratiques. Mais c'est épargner du temps que de faire bien et avec goût ce que l'on fait. Or, il y a dans la façon de lire et de réciter un avantage spécial à recueillir, indépendamment de la valeur intrinsèque des choses lues ou récitées. Le choix des mots, l'art de les placer, les nuances révélées par la coupe de la phrase, par sa longueur ou sa brièveté, les accidents de la versification (s'il s'agit de poésie), le style, en un mot, demande à être senti. C'est en s'associant, par la diction, aux intentions de l'auteur qu'on prend quelque chose de la précision, de la délicatesse, de l'élan de cœur auxquels on reconnaît ce qui est « littéraire » et esthétique. Pourvu que l'écriture soit lisible, il n'y a pas grand intérêt à la perfectionner : mieux vaut écrire un peu plus vite. Il n'en est pas de même de la lecture et de la récitation. Bien dire ne prend pas plus de temps que mal dire, une fois qu'on y est habitué. Tout homme a, dans certains moments, l'envie et le besoin de chanter. Pourquoi ne pas s'exercer à chanter juste? Pourquoi ne pas chanter d'accord, quand on est plusieurs? Une femme se pare : il lui en coûtera moins de le faire avec élégance et avec goût que de le faire avec une surcharge et une ostentation ridicules. Eh bien, de même, pourquoi ne pas faire lire

9.

et lire comme ils le méritent les passages les plus accessibles
et les plus émouvants de nos grands auteurs? Pourquoi ne pas
exercer la mémoire sur des textes qui assouplissent et qui
règlent les allures de la pensée?

Enseignement de la grammaire et de la langue française. —
Reste cependant à apprendre la *langue* pour les besoins
ordinaires de la vie. Dans certains milieux, sociaux, on doit
s'appuyer sur l'usage et sur le souvenir des conversations
entendues dans la famille; on n'a qu'à donner les règles et les
raisons d'une pratique passée dans les habitudes. Dans de
nombreuses écoles, il faut encore aujourd'hui désapprendre à
l'enfant plus d'une façon vicieuse de parler.

Il ne s'agit pas ici d'un « purisme » exagéré. Le peuple a dans
son vocabulaire un grand nombre de mots expressifs, issus de
traditions locales, adaptés au mode de culture ou d'industrie
de la région, et qu'il faut savoir respecter. Ce qu'il y a lieu
de combattre, ce sont les mots parasites et sans signification,
ce sont les tournures inintelligibles qui se refusent à toute
analyse, ce sont surtout les manières de parler qui reflètent
des imaginations grossières ou des superstitions absurdes.
Il faut encore faire la guerre aux altérations des formes gram-
maticales, quand elles ne répondent qu'à une suite de négli-
gences paresseuses ou d'affectations puériles, car il y a des
gens qui affectent la lourdeur ou la rudesse ou la noncha-
lence traînante, comme il y en a qui affectent des semblants
d'élégance. Deux buts sont à poursuivre : 1° donner les
moyens de mieux converser, soit de vive voix, soit par la
lecture, avec les hommes instruits et lettrés; 2° apprendre à
voir juste dans sa propre pensée, en la débrouillant et en y
faisant pénétrer la clarté. Les efforts du maître peuvent aisément converger vers ce double but.

Que faut-il faire dans les parties du territoire où, à côté de
la langue française proprement dite, se parle couramment un
idiome spécial (pour ne pas dire un patois), comme le pro-
vençal ou le breton?

En matière de langage, il est extrêmement difficile de rien
faire d'artificiel. Le monarque le plus absolu a plus de pou-

voir, a-t-on dit, sur les existences qu'il n'en a sur les mots, et il a moins de peine à modifier les lois civiles ou les lois pénales qu'à changer les règles de la grammaire. Qu'on n'essaye donc ni de lutter contre l'usage quotidien d'un dialecte aimé et pratiqué par la majorité d'une population, ni d'entretenir et de raviver un mode de langage qui s'en va. Qu'on s'accommode de ce qui est, en essayant de le perfectionner ; qu'on suive le mouvement, et qu'on s'efforce de le modifier : on ne peut pas davantage[1].

Quand une population a sa langue à elle, à côté de la langue générale, c'est évidemment à cette dernière qu'il faut donner ses soins : on ne peut se faire aucun scrupule d'abandonner la première à elle-même. Pour le commerce usuel de la vie, celle-ci, telle qu'elle est, suffit toujours ; il serait fâcheux que l'autre manquât pour l'accomplissement des devoirs sociaux, pour les rapports nécessaires avec l'administration du pays, pour la lecture, etc. Quand les deux idiomes fleurissent à peu près également côte à côte, on peut remarquer ce qui suit : c'est dans le parler héréditaire que le peuple montre le plus d'abandon et de naturel ; c'est dans ce parler qu'il trouve ses comparaisons expressives, les proverbes qui résument son expérience et les traits par lesquels il aiguise ses jugements sur les autres hommes. Quand il se sert de la langue classique, il le fait avec raideur et gaucherie, et avec une certaine solennité : car il ne cherche plus à exprimer que des idées très générales. Il invente des mots comme il peut ; mais s'il a suivi consciencieusement les leçons de l'école, il parle le français plus correctement que beaucoup d'autres compatriotes, car chez lui le bon et le mauvais usage ne se mêlent pas : il parle en patois selon les habitudes de son milieu quotidien, il parle le français « comme dans les livres », selon la grammaire et selon la règle. Il y a alors quelque intérêt à

---

1 Nous n'entendons pas dire, cela va de soi, que l'école primaire puisse enseigner, dans la classe, autre chose que le français pur et simple Mais le maître a, en dehors de la classe, une influence légitime sur ses élèves et sur leurs familles. Il est bon qu'il ne soit pas étranger à leurs usages et même à leur idiome le plus familier.

le comprendre dans ses deux langages, sans lui demander de
sacrifier trop tôt l'un à l'autre.

Dans plus d'un département, l'ancien idiome tombe en dé-
suétude : il n'en reste plus que des débris informes et incohérents, dont la saveur s'en va, et qui ne servent plus qu'à em-
barrasser l'usage de la langue. Ici, le maître ne doit pas hésiter : il doit hâter la disparition de ces mots et de ces formes,
qu'aucune vie ne soutient et n'anime plus : c'est un nettoyage
indispensable.

Mais on ne se contente plus, dans les écoles, d'enseigner
l'usage plus ou moins correct de la langue en vue des nécessités les plus impérieuses ; on veut aussi apprendre aux
élèves à s'exprimer, à écrire avec quelque soin. De là des
exercices de *rédaction*.

Y a-t-il ici des règles nombreuses à détailler ? Beaucoup de
maîtres trouveraient plus commode d'avoir un certain nombre
de « recettes » à faire apprendre par cœur, et dont ils n'auraient plus qu'à surveiller l'application littérale : c'est là le
premier degré en toutes choses. L'art le plus difficile et le
plus efficace consiste à diminuer de plus en plus la part de
la formule. Il faut être devenu un très savant et excellent
médecin pour prévenir ou pour guérir en faisant peu de
« médecine » et en administrant peu de remèdes. Un esprit
très religieux s'attachera moins aux pratiques matérielles et à
la lettre qu'à l'esprit. Un professeur de rhétorique éminent
apprendra de même à ne pas faire de « rhétorique » ; il laissera là toutes les divisions et subdivisions, toutes les « figures ».
Il donnera surtout à ses élèves l'habitude de savoir ce qu'ils
veulent dire, de discerner ce qui vaut ou ne vaut pas la peine
d'être dit, ce qui peut se dire avec rapidité et en passant, ou
ce qui doit être développé pour être compris, ce qui est essentiel ou ce qui est accessoire ; il leur demandera de s'abandonner un peu à ce qu'ils éprouvent et à ce qu'ils sentent,
quitte à se demander s'il est convenable, s'il est opportun,
s'il est bon de le communiquer. La sincérité, la simplicité, la
bonne foi, la conscience, la cordialité, le désir de se comprendre soi-même pour être compris par les autres, le désir
d'être profitable et de ne pas déplaire inutilement, un certain

esprit de sociabilité qui porte à vouloir échanger des impressions et à faire part à ceux qu'on aime de ce qu'on a ressenti d'agréable ou de bienfaisant : voilà la rhétorique de l'école. Exercez-vous des élèves à écrire une lettre, à rédiger quelque récit ; les questions que vous avez à leur poser, pour qu'ils se « corrigent » d'eux-mêmes, sont bien simples : « Est-ce là tout ce que vous avez à dire ? Ce que vous dites ici est-il utile ? Sera-ce compris ? Sera-ce agréable ? Voici une chose que vous avez déjà dite : pourquoi vous répétez-vous ? Si l'on vous tenait à vous-même un pareil langage, qu'en penseriez-vous ? » L'élève trouvera aisément la réponse instructive. Il la fera d'autant mieux que le maître lui aura donné l'exemple par la lucidité de ses explications, par la bonne humeur intéressante de ses propos, par ses efforts pour être complet, pour être varié, pour être facile à retenir.

Toute cette partie de l'enseignement dont nous venons de résumer l'esprit et la règle suffirait, s'il s'agissait uniquement d'éclaircir et d'exprimer des notions acquises, et s'il ne restait plus rien à acquérir de nouveau. Mais l'homme le plus instruit n'en est jamais là : l'enfant à plus forte raison. Reste donc à étudier un ensemble de procédés applicables à l'acquisition des connaissances positives. Pour avoir des idées justes de certaines choses, il faut les avoir vues, il faut se les être fait décrire et expliquer, il faut en avoir saisi et reconstruit le mécanisme ; il faut être sorti, pour un instant, de ses propres idées, telles qu'on les avait jusque-là, pour entrer en contact immédiat avec les objets et avec les faits.

Enseignement des sciences. — Dans quelle mesure cette éducation se donne-t-elle à l'école ? Et surtout d'après quelle méthode importe-t-il qu'elle y soit donnée ?

Nous avons déjà rappelé comment on débute généralement pour faire apprendre à l'enfant les lois qui président aux combinaisons des nombres ou quantités, autrement dit par l'arithmétique [1]. L'arithmétique se suffit à elle-même, et aucune science de la nature ne peut se passer de son secours : c'est

1. Voyez plus haut, page 92.

donc bien une science fondamentale. D'autre part, on a remarqué que la mémoire souple et fraîche de l'enfant peut se souvenir aisément des chiffres : l'abstraction, pour être retenue docilement, avec les signes très simples qui la fixent dans l'esprit, n'exige pas autant d'effort de réflexion qu'il le semble au premier abord.

On a toutefois mis en lumière, depuis un certain nombre d'années, la nécessité d'allier plus tard les études concrètes et l'*intuition* des formes réelles à l'étude des quantités abstraites. Une séparation trop grande des deux genres d'études amène entre les divers esprits d'une même classe une scission prématurée. Ceux qui ont réussi mieux que les autres à retenir quelques démonstrations et à résoudre quelques petits problèmes, s'attachent à ce genre de travail : ils s'y appliquent avec plus de force et de ténacité, ne fût-ce que par amour-propre et pour confirmer leurs premiers succès ; mais leur intelligence s'accommode trop vite et trop passivement de ces formules, elle perd de vue la complexité des choses vivantes. Ceux à qui la sécheresse de ces calculs n'a pas autant agréé s'en détournent, ou ils ne les pratiquent qu'avec une répugnance qui va croissant : ils préfèrent d'autres études ou d'autres distractions, qui leur semblent — à tort — incompatibles avec les premières.

N'est-ce pas un remède à ces inconvénients que d'allier un peu plus tôt les deux genres d'études ? On fait mieux apprécier l'utilité de l'arithmétique quand on varie, par exemple, les applications du calcul au système métrique, et que ce système lui-même est connu par la vue, par le maniement des poids et des mesures. « Le concret, disait un grand philosophe qui fut en même temps un grand savant [1], se gouverne par l'idéal et par l'abstrait. » Cela veut dire que tous les phénomènes de la nature sont soumis aux lois des mathématiques. Mais il faut retourner la proposition, et dire que l'abstrait et l'idéal doivent être saisis dans ce « concret » qu'ils gouvernent. Il est bon d'envisager ces règles et ces lois dans leur pureté sans mélange, dans la sûreté parfaite de leurs infaillibles combinaisons ;

1. LEIBNIZ.

mais il est bon aussi de ne pas les laisser, pour ainsi dire, en l'air, comme si elles formaient un monde clos, sans rapports avec le monde réel. La géométrie abstraite est d'une rigueur et d'une certitude plus absolues que la géométrie des corps vivants ou des corps bruts, que la géométrie des œuvres de la nature ou des œuvres de l'art humain. Au fond, cependant, c'est la même géométrie partout. Si donc, à celui qui est sensible à l'élégance des formes on montrait que cette élégance même est soumise à des règles géométriques, si à celui qui aime et comprend la géométrie abstraite on montrait la puissance de ces formules, qui ne sont que la vie de la nature vue dans le squelette qui la soutient, on rendrait service aux uns et aux autres : on les mettrait également plus près de la vérité.

Ces considérations semblent-elles un peu métaphysiques pour l'enseignement de l'école primaire? Si on n'est pas tenu de les enseigner à tout propos, on peut du moins s'en inspirer dans des rapprochements choisis ; on peut surtout se préoccuper de faire voir toujours le principe dans ses conséquences positives et utiles.

Faut-il insister davantage sur la méthode spéciale à l'enseignement des sciences proprement dites? Au premier abord, il semble n'y avoir là qu'une méthode possible, la démonstration de la vérité telle qu'elle est acquise. Plus on s'élève haut dans les découvertes, plus la question pédagogique s'efface devant la question purement scientifique : on peut croire que celui qui exposera le mieux un théorème ou une loi sera celui qui l'aura le mieux comprise et la possédera le plus complètement. Dans la région moyenne, et à plus forte raison dans celle des découvertes les plus usuelles ou les plus simples, l'art de l'exposition passe pour tenir une plus grande place ; on ne peut sans doute pas le séparer complètement du fond des choses : pour réformer l'enseignement de la chimie et en modifier utilement le vocabulaire [1], il faut être chimiste et non pas seulement philosophe ou pédagogue. Il y a cependant quelques règles qu'on peut dégager et poser sans être obligé

1. Pour choisir, par exemple, entre l'ancienne nomenclature et la nouvelle.

de faire preuve d'une compétence spéciale dans l'ordre des
sciences positives.

Il ne faut apprendre à l'enfant que ce qu'il peut comprendre.
Cela est accepté de tous, dira-t-on, et, pour appliquer un pré-
cepte d'une telle évidence, c'est au maître à mettre dans son
exposition toute la logique, toute la suite, toute la clarté dont
il est capable. Eh bien, non ! ce n'est pas ici seulement affaire
de talent : posséder très bien la question, l'exposer complètement en termes choisis, etc., rien de tout cela ne suffit. Un
jeune maître aura fait devant son jury d'examen une leçon
que le jury aura trouvée, *pour lui*, d'une admirable clarté,
très complète, parfaitement déduite, appuyée sur les vrais
principes, exposée en termes d'une propriété et d'une exactitude irréprochables; si le jeune maître, six mois plus tard,
répète la même leçon devant de véritables écoliers, il risque
de les voir tous bâiller, s'entre-regarder ou chercher une distraction quelconque.

Le principe est celui-ci : aucune vérité scientifique n'est
isolée et ne peut rester isolée. Pour qu'une découverte ou
vérité, quelle qu'elle soit, puisse être réellement comprise, il
faut : 1° que les principes sur lesquels elle repose aient pu
eux-mêmes être connus de l'élève et lui soient vite familiers ;
2° que l'élève ait la possibilité d'en apercevoir au moins quelques conséquences capables de l'intéresser.

A ces deux conditions l'auditeur *comprend* ce qu'on lui
enseigne, parce qu'il le fait rentrer dans un ensemble lié. A
ces deux conditions encore il le retient : car ces liaisons qu'il
a pu établir lui assurent un nombre suffisant d'associations
d'idées ou d'occasions diverses de retrouver, de revoir, de
reconnaître [1] l'objet du souvenir.

Sur quoi le maître se fondera-t-il pour savoir si ses élèves
sont à même de comprendre et de retenir ainsi ses explications ?

1° Sur ce qu'ils ont appris, compris et retenu jusque-là;
2° sur ce qu'ils sont à même de voir et de pratiquer dans
l'avenir, selon toutes les probabilités connues. Ce qui peut

---

1. Voyez plus haut, pages 31 et 32.

rentrer dans un tel cercle est bon à enseigner ; ce qui ne peut pas y rentrer doit être sacrifié, quoi qu'il en coûte [1].

Ces principes sont également applicables aux sciences mathématiques et aux sciences physiques et naturelles.

On a cru diminuer toutes ces difficultés en invitant à multiplier ce qu'on a appelé les *leçons de choses*. Il a semblé qu'il suffisait de faire voir une chose et de la faire toucher du doigt pour en donner à l'enfant la connaissance et l'intelligence.

Commençons par montrer ce qu'il y a d'exact et de bon dans cette idée. Ce n'est pas d'aujourd'hui qu'on comprend la nécessité d'avoir à sa portée des modèles ou des échantillons de ce qu'on décrit, ou de reproduire, dans des expériences bien faites, les phénomènes qu'on veut expliquer. Il est toujours difficile de suivre mentalement toutes les parties d'un phénomène ou toutes les actions des différentes pièces d'une machine : si l'élève a vu un tel ensemble, son imagination est soulagée d'un grand effort, car il est toujours plus facile de se représenter après coup ce que l'on a vu que de se représenter, par une construction personnelle, ce que l'on n'a pas pu regarder. Bien des maîtres allèguent la difficulté matérielle de se procurer des collections ou des machines. Mais on a répondu qu'il n'est pas trop malaisé à un maître intelligent d'avoir à sa disposition, outre les objets ordinaires de bureau et les ustensiles de ménage qu'on rencontre partout, un petit matériel composé de quelques tubes, ballons, flacons..., et d'une douzaine de produits chimiques.

« Veut-il étudier l'air atmosphérique ? Il aura su préparer d'abord l'oxygène et faire les expériences sur les propriétés comburantes de ce gaz : quelques grammes de chlorate de potasse dans un tube à essai, quelques charbons allumés dans un fourneau ordinaire, ou bien un encrier transformé en lampe à alcool ou à pétrole, une terrine servant de cuve à eau, une fiole quelconque pour éprouvette et un bouchon traversé d'un

---

1. On dira : Mais ce cercle même, est-ce qu'il ne faut pas s'efforcer de l'élargir ? — Oui, sans nul doute; mais il y aura toujours des limites difficiles à franchir, surtout pour le maître, qui ne peut réformer les exigences de la vie, de la société, des professions.

tube à dégagement, voilà tous les appareils. Une simple allu-
mette soufrée, brûlée dans l'air d'une fiole, fournira de l'acide
sulfureux, qui rougira les quelques gouttes de teinture de
tournesol qu'on y aura versées : il y avait donc de l'oxygène
dans la fiole.

« Une carafe, une bougie, une assiette et un peu d'eau suffi-
ront pour démontrer que la combustion enlève un cinquième
environ de son volume à l'air atmosphérique, que le gaz qui
reste est de l'azote. La même carafe, un œuf cuit dur et une
bande de papier enflammé remplaceront le manchon de cuir
verni et la machine pneumatique. — Il ne faut pas oublier
qu'une expérience concluante est ordinairement d'autant plus
persuasive pour des commençants, qu'elle est faite avec un
appareil plus simple, des objets connus de tout le monde. »

Si l'on veut appuyer ses explications sur la vue d'objets
connus de tout le monde, ne vaut-il pas mieux, dira-t-on,
prendre les choses telles que la nature nous les donne ? Pourquoi des reproductions artificielles? Pourquoi des analyses
qui décomposent et qui brisent l'harmonie de la vie ? Pourquoi
ne pas étudier les phénomènes dans les actions mêmes de la
nature, dans un écho du voisinage, dans le son de la cloche
voisine, dans un orage qui vient d'éclater? L'expérience du
laboratoire est une explication artificielle ; la vraie leçon de
choses est une intuition qu'on donne du fait réel et naturel.

La leçon de choses ainsi entendue a en effet du bon : elle a
sa place marquée dans l'éducation ; mais il ne faut pas lui
faire une place exagérée, au détriment d'autres méthodes. Elle
a du bon dans les débuts, pourvu qu'on se borne à faire remarquer les détails les plus saillants des choses les plus
usuelles, ou qu'on saisisse l'occasion exceptionnelle de quelque
spectacle intéressant et instructif. Elle a encore beaucoup de
bon quand elle sert à résumer des explications antérieures et
à les localiser, pour ainsi dire, dans un exemple choisi.
C'est qu'en effet la science doit partir d'une première « synthèse » encore vague, mais parlant à l'imagination, et aboutir
à une seconde synthèse plus complète et mieux comprise.
Les objets vus dans la nature aident à l'une et à l'autre de ces
synthèses, c'est-à-dire de ces vues d'ensemble. Mais entre

l'une et l'autre intervient nécessairement l'analyse, qui décompose et qui abstrait, et qui, par conséquent, ne peut se contenter d'étudier quelques exemples ou quelques types particuliers, faciles à mettre sous les yeux d'une classe entière. L'analyse tend à faire rentrer chaque phénomène sous sa loi, chaque individu dans son espèce et dans son genre. Pour cela, elle a à comparer les résultats d'une multitude d'investigations, et dans chacune de ces investigations elle avait dû éliminer tous les détails insignifiants ou déjà vus, démêler les phénomènes essentiels ou encore mystérieux et examiner ces derniers de très près. Quand on donne à un élève les résultats abrégés de ces analyses, force est bien de faire appel à des expériences antérieures et opérées sur un grand nombre de cas divers. Les enseignements qui en sortent doivent être exposés avec suite, en commençant par le plus simple et en s'élevant, degré par degré, à ce qui est plus obscur et plus compliqué. Or, c'est là précisément que peut être l'écueil d'une leçon de choses mal placée. On voudrait tout faire tenir dans l'explication de l'objet montré, et on ne le peut pas. Si on l'essaye, on risque d'anticiper sur des démonstrations auxquelles l'élève n'est pas préparé, ou bien on cherche à se passer de ces démonstrations, et alors on est obscur, et on donne à l'enfant des idées fausses.

Voici un morceau de craie que l'on tient à la main, voici un insecte qui est entré par la fenêtre de la classe, voici un orage accompagné de grêle et de tonnerre.

Comment prétendre expliquer la formation de la craie si on n'a pu donner aucune notion de géologie? Comment expliquer l'orage, si les élèves ne savent pas ce que c'est que l'électricité? Que dire sur le petit animal ailé, qui ne confine à une multitude de notions diverses? Si l'on veut faire l'anatomie, même superficielle, de son organisme, c'est un chapitre d'histoire naturelle qu'on entame. Est-ce une manière de repasser et d'expliquer à nouveau, *de visu*, un chapitre déjà appris : rien de mieux; sinon, c'est un chapitre détaché de son ensemble, qui ne tient à rien, qui non seulement n'aide pas, mais risque de troubler la connaissance de l'ordre régulier, ami de la mémoire autant que de la raison.

En résumé, il faut appliquer aux leçons de choses ce que nous avons dit de toute démonstration et de toute leçon scientifique : ne méritent d'être recommandées que celles qui peuvent intervenir avec opportunité entre des connaissances déjà acquises, qu'elles consacrent, et des connaissances jugées accessibles et utiles, dont elles préparent l'intelligence.

Enseignement de l'histoire et de la géographie. — Entre l'enseignement littéraire et l'enseignement scientifique, il en est un qui occupe une grande place dans tous les ordres d'études : c'est l'enseignement de l'histoire et de la géographie.

C'est déjà une conquête de la pédagogie contemporaine que la liaison intime de ces deux derniers enseignements. L'histoire fait connaître les actions et les mouvements des principaux représentants de l'humanité; la géographie fait connaître les lieux où ces actions se produisent, comment ces lieux ont été façonnés et préparés par la nature, comment la distribution des eaux et des montagnes a séparé certains pays, en a uni certains autres, a invité tels ou tels peuples à commercer ensemble ou les a exposés à lutter pour la domination d'une région; elle fait connaître aussi comment le génie et l'art humain ont modifié l'œuvre de la nature, rapprochant ce qu'elle avait séparé, séparant ce qu'elle avait uni, multipliant les moyens de communication, fertilisant et peuplant ce qu'elle avait livré au désert.

La géographie peut déjà nous intéresser à la description du globe terrestre, considéré simplement comme l'œuvre de la nature ; mais c'est surtout dans ses rapports avec les destinées de la race humaine que la terre mérite de nous occuper. Le maître ne doit jamais perdre de vue la liaison nécessaire de ces deux ordres de connaissances.

Mais, ceci admis, une question se présente : par quoi faut-il débuter ? Est-ce par l'exploration des petites choses, à la portée de l'enfant ? Est-ce par une description sommaire de l'ensemble, puis des grandes régions et des vastes accidents de la planète que nous habitons ? Est-il plus facile de faire comprendre le système des eaux en partant de la source et du

ruisseau vus dans le voisinage de la commune ? Ou bien cette
source et ce ruisseau prendront-ils plus d'intérêt quand l'imagination pourra les suivre jusqu'aux grands fleuves, qu'ils gros-
sissent, et aux mers, dans lesquelles leurs eaux vont finalement
aboutir ?

Bien des personnes penseront qu'il est plus aisé de faire
connaître à un élève la colline, la mare, la rivière qu'il a sous
les yeux, que de lui faire comprendre le rôle du massif des
Alpes dans la distribution des eaux d'Europe. Mais ces premières connaissances des choses vues, l'enfant les acquiert
tout seul. Arrivé à l'école, il ne s'intéresse guère à ce qu'il a
constamment devant lui (et bien des hommes sont enfants sous
ce rapport, comme sous quelques autres) ; d'autre part, son
imagination aime à voir grand. Nous croyons que le maître
aura vite fait de s'apercevoir de ces tendances : la comparaison
et le rapprochement restera l'un de ses moyens d'explication
les plus précieux ; mais il lui sera encore plus aisé de faire
ressortir l'importance des choses familières en les rattachant à
de plus grandes, que de s'attarder longtemps aux premières
pour mieux préparer l'intelligence des secondes.

Le même problème se pose pour l'enseignement de l'histoire
proprement dite. Faire apprendre à l'enfant l'histoire de la
commune, pour aller ensuite à celle de la province, et de là
graduellement à l'histoire de l'humanité, serait une méthode
peu attrayante. Celle qui enseigne ce que nous savons ou ce
que nous croyons sur les origines de l'humanité, pour expliquer ensuite les grandes migrations, les peuplements, les
guerres, les invasions, les conquêtes, la formation des nations
modernes, aura toujours beaucoup plus de chances de succès.
On dira : « L'écolier connaît le maire de son village, ses con-
seillers municipaux, sa forêt communale, mieux qu'il ne peut
connaître Sem, Cham et Japhet, l'Égypte, la dispersion des
Juifs, Attila, Charlemagne, etc. ». Je réponds : C'est précisément
pour cela que, si vous commencez par lui faire une leçon sur
les premiers, il rira et croira que vous vous moquez de lui ;
tandis que pour les seconds il sera tout yeux, tout oreilles.
Parlez lui trop tôt de sa forêt communale : il saura bien que
c'est là que ses parents vont chercher des fagots. Qu'est-ce

que son intelligence y verra de plus ? Mais si, à la troisième
ou à la quatrième année d'école, vous pouvez lui faire comprendre que ce bien commun du village est une conquête sur
la féodalité ou une suite de la féodalité, laquelle elle-même était
liée très étroitement aux invasions des Barbares, alors ces
lieux qu'il fréquente tous les jours prendront à ses yeux un
autre aspect : ils existeront pour son intelligence d'homme
instruit... Sans doute, le chêne commence par le gland ; mais
on ne s'intéresse à l'étude du gland que lorsqu'on a bien vu et
contemplé le chêne tout entier. L'imagination, qui, seule, fait
trouver de l'attrait aux études, exige avant tout une vue d'ensemble : si on ne sait où placer, où rattacher le détail dont on
entend parler, on s'en dégoûte et on le méprise.

La méthode de l'enseignement historique exige donc :
1º qu'on l'associe à la géographie le plus possible ; 2º qu'on
montre l'importance de chaque partie de ce qu'on enseigne en
la rattachant à la formation et au mouvement d'un tout construit et vivant.

Jusqu'où faut-il aller dans l'explication des faits qui se sont
engendrés les uns les autres, qui font partie d'un même groupe
ou d'une même série d'événements ? Il en est ici comme dans
les sciences de la nature : à parler rigoureusement, tout se
tient, rien n'arrive qui n'ait sa cause et dont on ne puisse retrouver la loi. Il faut cependant faire un choix. Mais selon quel
principe ? C'est évidemment vers l'histoire nationale qu'il importe de faire converger ses efforts toutes les fois que l'on est
contraint d'abréger. Ce n'est pas un grand sacrifice que de
laisser là l'histoire des peuples anciens et reculés, quand il est
prouvé qu'elle n'a aucun rapport avec la nôtre. Dans l'histoire
nationale ensuite, il y a aussi des sacrifices à opérer ; on ne
peut pas raconter tout : ni le temps ni la mémoire des enfants
n'y suffiraient. Ce qui paraît le plus indispensable, c'est de montrer le lien du passé avec le présent, soit dans les choses que
nous avons améliorées et réformées, soit dans celles dont nous
avons hérité. Ces deux points de vue, d'ailleurs, sont rarement
exclusifs l'un de l'autre (dans l'histoire vraie, sinon dans les
passions et dans les préjugés de ceux qui la faussent). Toute
génération emprunte à celle qui l'a précédée et y ajoute : ce

qu'on appelle une révolution assure bien la prédominance d'une partie des éléments constitutifs de la nation, et elle fait disparaître les autres, au moins pour un temps ; mais toujours elle se rattache au passé, avec lequel elle a cru rompre. Plus on s'en éloigne, plus on voit se reformer cette continuité. Donc, si l'on choisit dans l'histoire certains événements plutôt que d'autres, qu'on choisisse ceux avec lesquels on peut former des enchaînements ou des groupements bien intelligibles; qu'on choisisse aussi ceux que leur ressemblance ou leur contraste avec l'état présent rend particulièrement intéressants à l'homme qui vit, comme il le doit, pour son pays et pour son époque.

A ce titre, on ne peut se dissimuler que l'intérêt des recherches rétrospectives varie avec les préoccupations de la génération à laquelle on appartient. Vit-on sous une monarchie : on s'intéresse à la dynastie qui l'a constituée. Est-on en république : on cherche de préférence à suivre les efforts de la démocratie et la lente ascension du peuple. Est-on à une époque de guerre : on se passionne pour les victoires et pour les conquêtes de ses aïeux ; on s'enflamme surtout au souvenir des combats déjà livrés au peuple avec lequel on est présentement en guerre ou en conflit.

Si le maître se trouve ainsi en présence d'un mouvement populaire et d'une grande agitation nationale, il doit y chercher un point d'appui. Trop heureux sera-t-il, si cette passion, qui cherche des aliments, se laisse éclairer et tempérer par le récit des expériences déjà faites. Il sera ainsi doublement utile : il entretiendra le feu sacré, et il contribuera efficacement à bien diriger la force qui en émane.

N'est-ce pas, d'ailleurs, à ce dernier criterium qu'il convient de juger tous les procédés pédagogiques ? Il faut apprendre quelque chose qui se retienne, il faut intéresser ; mais il faut aussi être utile, et rendre meilleur. Nous touchons ici à l'éducation morale, c'est-à-dire à la partie la plus importante de notre sujet.

CHAPITRE III.

Éducation morale.

Il s'agit de faire de l'enfant un être moral, c'est-à-dire d'en faire un homme et un honnête homme. S'il suffisait pour cela de le prêcher et de le morigéner, on pourrait voir dans la « moralisation » une simple branche de l'enseignement, et l'éducation morale ne serait qu'un chapitre détaché de l'éducation intellectuelle. Mais il ne suffit pas d'enseigner la morale comme on enseigne la physique ou la chimie. Celui qui aurait appris par cœur une liste très complète et très détaillée des devoirs de l'homme serait peut-être très capable de rappeler les autres à l'accomplissement de ces devoirs et de les juger très sévèrement s'ils ne les remplissaient pas; sa mémoire suffirait-elle à lui donner à lui-même la force et la volonté de les pratiquer scrupuleusement? C'est ce qui est plus que douteux.

L'éducation morale n'est cependant pas détachée complètement de l'éducation intellectuelle. Il s'en faut ! Pour être un homme et un honnête homme, il faut avoir du bon sens, c'est-à-dire de la réflexion et du jugement. On l'a très bien dit : « L'exactitude, qui est le caractère dominant des bonnes méthodes, devient un sentiment moral autant qu'une qualité de l'esprit. Se bien rendre compte de ce qu'on sait habitue à peser et à régler sa conduite; ne pas se contenter de connaissances imparfaites mène naturellement à juger sévèrement ses actions. »

Mais, encore une fois, il n'est pas seulement question de « juger », il est question d'agir, avec suite et persévérance, et, pour cela, d'agir attentivement, de bon cœur et de bonne volonté, en vue du bien. Il s'agit d'être heureux, de bien faire et de mettre là sa joie et sa fierté. Le maître doit donc, soit créer, soit entretenir dans l'âme de l'enfant de semblables dispositions, seules capables d'inspirer plus tard une conduite véritablement morale.

De quoi peuvent dépendre ces dispositions? Qu'est-ce qui peut les compromettre? Qu'est-ce qui peut les favoriser? Voilà ce qu'il faut d'abord se demander.

Diversité naturelle des instincts et des caractères.

On dit souvent d'un enfant qu'il a de bons ou de mauvais instincts ; et on dit plus souvent encore qu'il a soit un bon, soit un mauvais caractère.

Commençons par les instincts. L'enfant qui a « de mauvais instincts » est un enfant porté à la dissimulation ou à la violence, qui se plaît dans la douleur d'autrui, qui aime à détruire, qui ne respecte personne, etc. L'enfant qui a « de bons instincts » passe pour être naturellement droit, humain, respectueux, véridique, empressé à rendre service aux autres et à leur laisser ce qui leur appartient. C'est un fait que l'on constate, sans savoir d'où viennent précisément de pareils instincts.

On voit par là que, quand il s'agit des instincts des enfants, il n'est nullement question de ces aptitudes spéciales que les animaux manifestent pour tel ou tel genre de chasse, ou d'industrie, ou de construction, ou pour leur habileté à retrouver leur chemin dans les airs, etc...[1]. Il s'agit des tendances qui commencent par être irréfléchies, qui développent certaines affections ou certains modes de sensibilité, puis incitent l'individu à chercher des satisfactions correspondantes ou appropriées. La recherche, la préparation, la jouissance réitérée de ces satisfactions, comportent de bonne heure un calcul et des raisonnements qui n'existent pas dans les actes des animaux. Ainsi, supposez un enfant qui mente ou qui vole : nul ne prétendra qu'il le fasse comme l'abeille fait sa cellule et son miel : il sait ce qu'il fait, il y pense, il y réfléchit, il combine ses moyens, il s'y prend tantôt avec adresse, tantôt lourdement, suivant la dose d'intelligence et d'application qu'il y met.

Ces instincts de l'enfant, il est encore moins malaisé de les décrire que de les définir.

Il y a certainement une diversité naturelle dans la manière de sentir et d'être ému, qui se manifeste chez chaque être

1. Voyez plus haut page 12.

vivant. Sans parler des différences qui existent entre un her-
bivore et un carnassier, on voit dans les mêmes espèces des
nuances quelquefois très accentuées. Tel chien est plus que-
relleur, plus méchant qu'un autre; telle vache est docile, sédentaire, sociable, mangeant à peu près ce qu'on lui présente
ou ce qu'elle trouve à sa portée; telle autre est d'humeur difficile, ombrageuse ou vagabonde. Un chat sera caressant et paresseux; un autre sera toujours en mouvement et inabordable.

De pareilles diversités se retrouvent de bonne heure chez
les enfants. L'un aime les cris et le mouvement; l'autre
est sauvage et taciturne; un troisième sera doux et caressant,
et ainsi de suite. Supposez que chacun d'eux soit abandonné
à lui-même : ces qualités ou ces défauts ont toute chance
de se développer, les défauts surtout. Un enfant sensible,
caressant, sera plus aisément affectueux, plus porté à la
pitié; mais il sera peut-être aussi plus enclin à la paresse
et à certaines amitiés suspectes, dangereuses. Un enfant nerveux sera plus espiègle et plus difficile. Ces premières dispositions pourront être enrayées, combattues, calmées, modi-
fiées de mille manières différentes; mais il y a bien des
chances pour qu'il en reste toujours quelque chose, et que la
trace n'en soit jamais complètement perdue.

Le maître s'aperçoit vite de ces différences et des conditions plus ou moins favorables qu'elles créent pour l'éducation
de l'enfant. Parmi les élèves qu'on lui amène, il a tôt fait
de discerner les étourdis, les appliqués, les turbulents, les
attentifs, les persévérants, les orgueilleux, les jaloux, les
pacifiques, les sournois, les apathiques, les indifférents, les
indécis, les découragés; ceux qui ne peuvent pas rester à la
même place et ceux qui y demeurent trop volontiers; ceux
qui veulent commander dans les jeux et ceux qui se bornent
à suivre docilement leurs camarades; ceux qui ont de
l'amour-propre, trop, suffisamment, pas assez; ceux qui cèdent
tout de suite au premier mouvement; ceux qui s'en défient.
La manière de se présenter, d'aborder le maître et les
camarades, le mouvement des yeux et leur expression, la
duplicité ou la franchise du regard, l'accent de la voix, la
manière de prononcer, la fraîcheur et l'éclat du rire, l'allure à

la promenade, au jeu, à la classe, la facilité à rougir, à pâlir ou à pleurer, ou, au contraire, l'impassibilité du visage, et enfin l'attitude générale du corps entier : que de signes extérieurs des ressources, des lacunes, des exigences de la nature de chacun ! Sans doute, les enfants sont destinés à devenir plus tard responsables de la manière dont ils useront de ces ressources inégales ; mais songer de prime abord à les rendre responsables du plus ou moins de souplesse et d'étendue de ces ressources mêmes est impossible.

Quel rapport y a-t-il entre les instincts et le caractère ? Un rapport évidemment très étroit : car ces prédispositions et ces tendances qu'on appelle les *instincts* font partie du caractère de l'enfant, ils contribuent à le faire ce qu'il est. Mais le caractère est quelque chose de plus. *Caractère* veut dire *marque distinctive :* c'est donc d'abord, si l'on veut, l'ensemble de toutes les qualités ou de tous les défauts qui distinguent une personne d'une autre. Mais, en un sens plus exact et plus précis, *le caractère est le mode d'action et de résistance par lequel chaque individu se maintient tel qu'il veut être et joue le rôle qu'il veut jouer.*

Quand cette action et cette résistance sont faibles, et que le rôle joué par l'individu dans sa famille, dans son milieu social, est inconsistant et effacé, on dit que cet individu a peu de caractère ou même qu'il n'en a point. Quand cette action et cette résistance sont assez énergiques pour mépriser les mauvaises volontés, dominer les événements et assurer la logique suivie du rôle qui est joué, on dit que l'individu a beaucoup de caractère.

Mais prenons simplement la moyenne des hommes : le caractère est, avant tout, le résultat et en même temps le signe distinctif de ce que l'individu met du sien dans tout ce qu'il est et dans tout ce qu'il fait. Supposez une nature qui se plie à tout et qui se laisse indifféremment pétrir et mouler par l'action des forces ambiantes : elle ne peut pas avoir de caractère. Un minéral, une plante, sont dans ce cas. On hésite pour savoir si un animal a son caractère. Il a des instincts, il en a même de très sûrs et de tout à fait spéciaux ; mais il cède si docilement et il est tellement hors d'état de les modiff\u00e9r en quoi que ce soit par son initiative et ses efforts, que vraiment on ne peut, sans impropriété de langage, parler du caractère d'un oiseau ou de celui d'un âne. Un enfant à la mamelle n'a pas non plus de caractère, il n'en a que les germes naissants. C'est seulement à l'école qu'on voit se dessiner clairement les caractères : les petits conflits, les petites rivalités, les petites combinaisons que provoquent l'étude en commun, et surtout les récréations et les jeux, stimulent les efforts personnels et fixent peu à peu les habitudes de chacun.

Autant d'individus, autant de caractères ; ayez même, dans une seule famille, dix enfants du même père et de la même mère ; vous aurez dix caractères différents. Il est donc assez difficile de classer les principales variétés de caractères. Pour simplifier la tâche, on peut se placer à trois points de vue : on y gagnera de mieux savoir ou de mieux se rappeler les voies multiples dans lesquelles tout instituteur a mission de suivre et de diriger les enfants qu'on lui confie.

Le caractère de l'enfant peut être apprécié, défini, au point de vue : 1° de son bonheur futur ; 2° de ses succès probables dans la vie ; 3° de sa moralité.

Au point de vue du bonheur, on distinguera tout naturellement l'*heureux caractère* et le caractère malheureux. Celui qui a un heureux caractère s'accommode volontiers des hommes et des choses ; il ne néglige point les petites occasions de se dérider, il prend son plaisir où il le trouve, il se résigne à ce qui est inévitable, il cherche le bon côté de ce qui arrive : bref, il a une tendance à se sentir heureux et à l'être en effet, sans beaucoup de frais ni d'efforts. Un caractère malheureux est tout à l'opposé : le moindre ennui empoisonne ses plaisirs ; il voit partout des sujets d'inquiétude ou de tristesse, exagère ceux qui sont réels ou en prolonge le sentiment au delà de ce qui est raisonnable.

Dans l'un ou l'autre de ces deux groupes on peut faire rentrer les caractères *confiants* et les caractères *défiants* ou *ombrageux*, les caractères *calmes* et les caractères *irritables*. On trouvera aussi quelquefois des caractères *étranges* ou *fantasques*, c'est-à-dire pleins de contradictions, qui ne connaissent ni les mêmes plaisirs ni les mêmes tristesses que les autres, qui se mettent à l'écart quand leurs camarades s'amusent, rient follement sans trop savoir pourquoi, partent, à propos d'un rien, dans des rêveries interminables, ou se décident tout à coup à prendre une résolution qu'on n'eût pas attendue d'eux.

Au point de vue des chances de succès dans les carrières futures, le maître distinguera des caractères *décidés* et des caractères mous et *indécis :* les premiers ne plaignent pas, comme on dit vulgairement, leur peine et leurs efforts, et, loin de chercher des raisons ou des prétextes pour s'abstenir, ils sont toujours prêts à saisir vivement toute occasion qui s'offre à eux. Comme ils savent, au jeu, renvoyer la balle, ainsi plus tard ils riposteront promptement et prendront leurs décisions au moment voulu. Les autres subiront trop docilement des influences contradictoires; ils aimeront mieux laisser à d'autres une bonne affaire que d'en courir les risques et que d'en affronter les fatigues. Il y a encore des caractères *souples*, qui savent plier pour ne pas rompre, et qui aiment mieux faire un sacrifice d'amour-propre que de se résigner à un insuccès ; puis des caractères *tout d'une pièce*, qui ne veulent ni céder ni transiger, et qui ne connaissent guère de milieu entre une victoire ou une défaite également complètes. Les caractères souples sont encore, peut-on dire, *insinuants;* ils arrivent par des voies cachées, plus lentement que les autres, mais quelquefois aussi plus sûrement ; les autres sont plus volontiers *dominateurs*, ils marchent à ciel ouvert et tiennent à tout emporter de front et d'assaut. Un caractère *ferme* saura réparer un échec par sa constance ; un caractère *léger* compromettra un succès par sa vanité ou par sa promptitude à négliger des précautions toujours nécessaires. Enfin, à côté des caractères *actifs*, il y a les caractères *méditatifs*, qui pourront réussir également, mais à la condition d'être dirigés sur les carrières ou les occupations qui leur conviennent.

Restent les prédispositions ou les manières d'être qui donnent plus ou moins de gages à la moralité future. Il y a des caractères *délicats*, qui ne feront pas la première chose venue, et qui aimeront à garder une certaine dignité ; il y a des caractères *grossiers*, à qui rien ne répugnera, pourvu qu'ils y trouvent

une jouissance quelconque. Il y a de *petits* caractères, qui
font plus que de s'assouplir et que de plier, qui s'humilient et
qui rampent quand ils croient y trouver un avantage, tandis
que les *grands* et *nobles* caractères vont au-devant de la douleur et du sacrifice quand le devoir le leur commande. Des
caractères pareils à ces derniers ne peuvent guère se trouver
chez des enfants qu'à l'état de promesse ou d'ébauche. On y
trouve plus fréquemment de *bons* et de *mauvais* caractères.

Un bon caractère se rapproche beaucoup d'un heureux
caractère. Il semble toutefois qu'on mette entre les deux cette
nuance même qui distingue la disposition à jouir et à se
sentir facilement heureux de la disposition à une bonté habituelle envers les autres : le bon caractère entend la plaisan-
terie, partage volontiers avec les camarades, oublie vite les
petites offenses et les torts légers, et se tient toujours prêt à
obliger. Un mauvais caractère, cela va de soi, trouvera de
méchantes intentions et un sens blessant aux propos les plus
inoffensifs; il se montrera taquin et agressif; il persistera dans
ses rancunes et dans ses désirs de vengeance. S'il y met une
certaine âpreté qui le tourmente lui-même, on l'appellera *vin-
dicatif;* s'il prépare en secret sa vengeance, ce sera un caractère *perfide* ou sournois. Il est aisé de distinguer dans ces
divers caractères ceux qu'on a besoin de surveiller, pour les
empêcher de mal faire, et ceux sur lesquels on peut compter
pour la facilité des rapports sociaux.

Avant tout, le maître doit avoir l'œil sur les indices capables
de lui révéler le caractère naissant ou formé de chacun de ses
élèves; et il doit scruter leurs caractères, à chacun des trois
points de vue que nous venons d'expliquer. S'il s'intéresse à
eux comme il le doit, il ne peut, en effet, que souhaiter pour
eux le bonheur, dont quelquefois on n'est séparé que par des
obstacles imaginaires : il doit les aider à réussir, en usant de
leurs aptitudes et en les corrigeant. Par-dessus tout, il doit
les préparer à la probité, à la droiture, à la bienveillance et à
la charité envers les autres.

Des éléments qui concourent à la formation du caractère.
Modification des caractères.

On croit le plus souvent que le caractère est irréformable.
On dit tout au moins que, si l'on peut en atténuer les inconvénients ou en développer les mérites et les avantages, on ne
peut cependant pas le modifier. Cela peut être vrai d'un
homme mûr ; il n'est pas du tout prouvé que cela soit vrai des
enfants. Commençons d'abord par expliquer que le caractère
ne se forme pas d'un seul coup, qu'il n'est pas constitué par
une tendance unique, indécomposable, mais qu'il est formé
par un concours d'éléments divers. Peut-être alors verra-t-on
mieux la possibilité de le modifier en agissant sur chacun de
ces éléments pris à part.

Or, il est clair que le caractère d'un homme dépend à la
fois de sa manière de sentir, de sa manière de voir et de comprendre, de sa manière d'agir et de vouloir, bref de ses trois
facultés réunies. Une sensibilité indifférente et obtuse ou une
sensibilité délicate ne peuvent pas ne pas avoir l'une et l'autre
une grande influence sur le caractère. Un homme qui souffre
risque d'avoir le caractère difficile. Il « risque », disons-nous,
parce qu'il n'y a là rien de fatal, et qu'on voit des gens très
malades supporter leurs souffrances avec beaucoup de résignation ; on ne les admire que davantage, parce qu'on trouve que
leur courage et leur bonté triomphent en eux de la nature.

Un homme qui a de la peine à comprendre ce qu'il voit et
ce qu'on lui dit, a une certaine disposition à être défiant, si
toutefois il tient à se rendre compte des choses ; il sera, au
contraire, fort confiant et crédule, s'il a pris l'habitude de se
contenter des apparences et de ne point raisonner. Nous avons
vu qu'une mémoire très sûre et très complète inclinait beaucoup de personnes à quelque sévérité dans le caractère, parce
qu'il leur était plus difficile de pardonner ce qu'elles ne pou-
vaient pas oublier. Avoir de la présence d'esprit, de la promptitude dans le coup d'œil et dans la réplique, avoir enfin ce
qu'on appelle de l'*esprit*, c'est encore là un élément du caractère, mais un élément dont l'influence dépend singulièrement

de la façon dont il se combine avec quelques autres : ici on trouve des hommes que leur « esprit » rend sociables et gais, tandis que chez d'autres ce même esprit contribue à la formation d'un caractère méchant, malveillant ou, suivant une expression familière, d'un caractère « pointu ».

Mais dans l'opinion générale, et qui est ici justifiée, l'élément prépondérant du caractère est la volonté. C'est la volonté qui fait que l'homme se laisse aller aux sollicitations diverses de ses sens ou les surmonte ; c'est elle qui tire un bon ou un mauvais parti des aptitudes de l'intelligence comme des aptitudes physiques. C'est donc en elle que se trouve ou que se fait l'unité du caractère.

Formation des habitudes.

Si donc nous voulons chercher comment peut se modifier un caractère, nous devons examiner quelle action l'on peut exercer sur la sensibilité, sur l'intelligence et sur la volonté. Comment on doit chercher à modifier l'intelligence, nous l'avons déjà vu. Restent à étudier la culture de la sensibilité et l'éducation de la volonté.

Mais, avant de reprendre en détail chacune de ces deux études, disons quelqu   mots d'un fait très complexe et très important qui les dom   e l'une et l'autre, la formation des habitudes.

Une habitude, on l'a vu, est une tendance à se replacer dans les mêmes états et à renouveler les mêmes actes[1] ; il n'est pas une seule de nos facultés qui ne paye son tribut à l'habitude et qui ne soit à même d'en recueillir et d'en consolider les avantages.

On prend l'habitude de se plaindre d'une chose et d'en exagérer les inconvénients : dès lors, « on ne peut plus la sentir », on éprouve à son égard un de ces dégoûts factices dont souffrent toutes les personnes capricieuses. D'autres fois, on surmonte une légère répugnance, on se décide par raison, sans attribuer à l'objet plus d'importance qu'il n'en mérite : dès lors

1. Voyez plus haut pages 12 et 57.

on s'y habitue et on y devient indifférent. Tout cela est *affaire d'habitude.*

On s'habitue à compter, à calculer, à combiner d'avance ce que l'on veut faire, ou, au contraire, à ne rien vérifier. Si on avait senti une fois ou deux le grand avantage de la première méthode, on s'y serait habitué. On a eu la paresse de ne pas faire l'effort nécessaire, on en a perdu l'habitude. Il est inutile de multiplier les exemples.

Mais c'est ici surtout que l'éducation est appelée à intervenir. L'enfance et l'adolescence, voilà l'âge où l'on contracte des habitudes qui décideront peut-être du reste de la vie. Puis, qu'est-ce que l'école, avec ses multiples exercices, avec ses obligations et sa discipline, sinon un lieu où l'on fait prendre des habitudes ?

Or, le maître doit considérer ici qu'il y a deux sortes d'habitudes : 1º les habitudes involontaires, qu'on prend par hasard, dans des moments d'oubli, quand on ne réagit pas assez contre les entraînements et les exemples; 2º les habitudes volontaires et réfléchies, que l'on consolide par des efforts librement répétés. Les premières sont généralement insignifiantes et inutiles, quand elles ne sont pas nuisibles et funestes; les secondes, par cela seul qu'elles demandent de la réflexion et de l'effort, sont déjà utiles; mais, de plus, quand un homme combat ses tentations et ne craint pas de se donner quelque peine, il est rare qu'il ne poursuive pas un but recommandable[1]. On peut dire encore que les premières sont difficilement profitables, et que les autres le sont toujours[2]. Moins une habitude a demandé d'efforts, plus elle a ouvert, en quelque sorte, la nature à mille influences accidentelles; plus elle en a exigé et obtenu, plus elle a fortifié et affranchi la liberté.

Bref, aviser à ce que l'enfance ne prenne pas d'habitudes au hasard, l'éclairer, l'aider dans celles qu'on lui suggère ou

---

1. Il y a des gens pervers qui réfléchissent beaucoup, en s'acharnant à faire le mal; mais cela est rare dans l'enfance, et c'est surtout l'écolier que nous avons ici en vue.

2. Comparez ce que nous avons dit des acquisitions de la mémoire, page 103.

qu'on lui impose, telle doit être la constante préoccupation du maître.

Quelques règles pratiques, et qui ont cependant une très grande portée, sont ici à expliquer.

Dans l'action qu'on essaye d'exercer sur les habitudes de l'enfant, il faut savoir mesurer l'effort qu'on veut lui demander et celui qu'on veut lui épargner. La tâche est très délicate. Il ne faut pas, avons-nous dit, d'habitudes contractées au hasard. Mais il n'y a point de « hasard » quand c'est le maître qui, en pleine connaissance de cause et sous sa responsabilité, fait prendre aux enfants certaines habitudes dont ils ne se doutent pour ainsi dire pas. « On n'est converti, a dit quelqu'un, que par les prédicateurs dont on ne se défie point. » Aussi se laisse-t-on surtout conduire et diriger par ceux qui ont l'air de laisser faire tout ce qui agrée, mais qui s'arrangent de manière à ce qu'on trouve de l'agrément dans ce qui est bon, utile et moral. C'est quand l'enfant grandit qu'il faut s'adresser peu à peu à son raisonnement, l'associer, par une adhésion personnelle et des efforts voulus, à l'œuvre entreprise pour lui. Mais il faut surtout lui faire remarquer après coup les avantages qu'il a recueillis, les plaisirs qu'il a goûtés, les succès qu'il a obtenus : on crée ainsi en lui une expérience qui le fait réfléchir, et qui l'invite à renouveler volontairement les tentatives qu'il avait faites par persuasion et presque sans s'en douter.

C'est par un grand nombre d'habitudes de détail qu'on modifiera graduellement les goûts, le mode de travail et le mode d'action, donc finalement le caractère tout entier. Mais souvent, surtout lorsque l'élève grandit, il y a intérêt à faire porter sa direction sur un point unique, où l'on fait brèche : alors un certain progrès, subitement réalisé, en décide un grand nombre d'autres, par une sorte d'entraînement universel.

Quand est-ce que ce phénomène se produit? Quand est-ce qu'il est possible? Quand se révèle tout à coup un goût, une aptitude, un moyen, un talent ou une vertu qu'on ne soupçonnait pas jusque-là. Un acte de courage improvisé peut transformer en héros un individu jusque-là peureux : il s'est senti des ressources jusqu'alors inconnues. Un accident, la perte ou la maladie d'une personne, peuvent faire couler pour la première fois les larmes d'un enfant qu'on disait jusque-là sans cœur. A partir de ce jour, il sait ce que c'est que la souffrance morale et la pitié. Un enfant n'aimait pas l'étude, car on ne lui avait encore enseigné que des choses où il n'avait trouvé aucun agrément ; un beau jour on lui fait une leçon d'histoire, une lecture de prose ou de poésie, une expérience de physique, une démonstration de mathématiques ou de chimie, qui pique sa curiosité. Il y a donc, se dit-il secrètement, des leçons qui n'ennuient pas : il se sent dès lors attiré vers ce plaisir nouveau et il le recherche. Toute son intelligence et toutes ses habitudes d'esprit sont transformées par cela même.

Eh bien, avoir l'œil ouvert sur ces moments (que tout enfant rencontre tôt ou tard), les reconnaître au passage, s'y arrêter, faire en sorte qu'ils ne soient pas fugitifs, les renouveler autant qu'on le peut, encourager la tendance naissante en lui accordant une sorte de faveur : il n'y a guère de moyen plus efficace pour renouveler la nature et assurer l'avenir d'un enfant. C'est, en effet, dans ces heures-là que se révèle une vocation, que se choisit une carrière, et que se fixe pour jamais le principe d'unité de la conduite future.

Ces indications suffisent à montrer que, s'il est difficile d'attaquer de front les caractères, on ne manque pas de moyens détournés pour les modifier sérieusement en surveillant la formation des habitudes.

Culture de la sensibilité.

Ces principes généraux sont applicables à la culture de chacune des facultés qui contribuent à la constitution des caractères.

De même que nous avons décomposé les éléments générateurs du caractère, de même nous pouvons décomposer ceux dont est formée la sensibilité, puis ceux dont est formée la volonté. C'est en isolant une à une les diverses branches d'un faisceau qu'on parvient soit à le rompre, soit à l'organiser à nouveau comme on l'entend.

La sensibilité humaine dépend surtout de trois influences : le *tempérament physique*, l'*imagination* et les *idées*.

De ces trois influences, la première prédomine dans l'enfance [1], la seconde dans l'adolescence et dans la jeunesse, la troisième dans l'âge mûr. C'est donc surtout des deux premières que nous devons ici nous occuper.

Le tempérament d'un enfant est formé : 1º par sa constitution native, œuvre de l'hérédité; 2º par la nature des premiers soins qu'il a reçus en conformité ou en non-conformité avec les règles de l'hygiène et du bon sens; 3º par les habitudes qu'on lui a fait ou qu'on lui a laissé contracter.

La première de ces influences peut sembler la plus forte et en même temps la plus irrésistible des trois. Il est bien sûr, en effet, qu'on ne peut pas faire qu'un enfant ait eu d'autres parents que les siens : il est né garçon ou fille, il est né avec des prédispositions à telle ou telle maladie ou avec une conformation qui lui donne toutes les chances possibles d'une santé robuste. A peine était-il dans son berceau qu'on pouvait constater s'il était d'une nature calme, aisément régulier dans son sommeil et dans l'accomplissement de ses fonctions naissantes, ou bien s'il était nerveux, agité, enclin à pousser des cris, en apparence au moins, douloureux. Mais d'abord, il importe de connaître à peu près ce que l'enfant tient ainsi de l'hérédité et ce qu'il en a reçu de très difficilement réformable : on sait alors dans quelle mesure il faut lui pardonner ce qui est chez lui involontaire, sur quels points il est facile et prudent de le ménager, pour ne pas exaspérer sa sensibilité par une lutte mal entreprise. Mais pardonner, ménager, ce n'est pas se condamner à l'abstention. On peut toujours corriger, on peut toujours obtenir de la volonté des efforts qui tempèrent les premiers penchants; on peut surtout les diriger en les animant d'un esprit qui les métamorphose.

Il ne faut pas, en effet, se lasser de redire qu'on peut tirer parti de tout, que plus d'un grand homme (comme Du Guesclin) et plus d'un saint ont dû une bonne partie de leur héroïsme à une sorte de sauvagerie ou de brutalité primitives,

---

1. Et aussi peut-être dans l'extrême vieillesse, qui tend à revenir vers l'état de l'enfance.

se mettant un jour au service d'une grande idée et s'y modérant sans se ramollir.

Mais dans les efforts prudents qu'il tente sur le tempérament de ses élèves, le maître a, d'ailleurs, d'autres motifs d'espérance et d'encouragement.

Le tempérament héréditaire peut beaucoup ; le premier milieu dans lequel on a commencé à vivre, à sentir, à agir, a une influence au moins aussi grande. Tous les ans, la ville de Paris ramasse des milliers d'enfants abandonnés, donc issus de parents qu'ont dénaturés le vice ou la misère. Eh bien ! ceux d'entre eux que l'on confie à d'honnêtes cultivateurs, dans la maison desquels ils grandissent, comme des enfants adoptifs, deviennent aisément de très braves gens [1] : ils se conforment aux habitudes laborieuses et morales de la population rurale, dont ils font partie désormais. Ce milieu ne modifie pas toujours radicalement la constitution, et néanmoins il transforme en paysans sobres et durs des enfants qui, s'ils fussent restés quelques années de plus dans la grande ville, n'eussent fait que des ouvriers d'art ou plutôt des travailleurs intermittents, doués de plus de nerfs que de muscles et plus aptes à discourir sur les révolutions politiques qu'à préparer patiemment les récoltes futures d'une plaine ou d'un coteau.

L'homme est un être imitatif, surtout quand il est jeune : il se met donc malgré lui à l'unisson de ceux qui l'entourent. Il est donc très important, pour la sensibilité de l'enfant, que la classe soit un milieu où il se plaise, sans que rien y favorise ses écarts individuels. Il faut qu'il y goûte les distractions sérieuses, qu'il y connaisse l'émulation sans envie et sans comparaisons humiliantes, que son amour-propre y soit stimulé, non son orgueil, qu'il y apprenne à compter sur lui-même, mais en se fiant à la vigilance et à la justice de l'instituteur. Si l'élève a eu chez ses parents de mauvais exemples, il n'est pas nécessaire de les lui rappeler ; mais on doit veiller aux actes et aux propos qui paraîtraient en être les conséquences, et là on le reprend, non pas par un sermon banal, mais par des observa-

1. Voyez à ce sujet notre livre *La France criminelle*, 1 vol. in-18 (Paris, Cerf).

tions qui portent sur le caractère même du fait qu'il a commis devant ses camarades ou devant son maître. La plupart des sentiments ne se développent que par les satisfactions qu'on leur procure : c'est une loi commune aux bons sentiments comme aux mauvais. Si donc l'instituteur n'est pas directement le maître des tempéraments ni le maître des cœurs, il a le pouvoir de régler, en grande partie, les conditions extérieures de la vie commune, dans les exercices scolaires et dans les jeux. Là un compliment mal placé développera pour longtemps (peut-être pour la vie) le germe de la coquetterie, s'il s'agit d'une fille, de l'orgueil et de la présomption, s'il s'agit d'un garçon. Un éloge donné à propos rétablira la confiance, et, par cela même, fera disparaître les sentiments haineux que les moqueries et les dédains avaient développés dans une âme faible ou se croyant telle.

Enfin peut-on négliger le rôle considérable de l'exemple ? Un maître consciencieux ne laisse aucun enfant donner impunément un exemple mauvais ; il encourage et il loue publiquement ceux qui en donnent de beaux et de bons. Mais lui-même (et c'est là ce qui achève le caractère bienfaisant ou malfaisant de ce milieu qu'on nomme une *classe*), lui-même doit donner l'exemple. Ici, je n'entends pas seulement qu'il doit s'abstenir d'actes fâcheux ; j'entends qu'il doit inspirer la sympathie par sa propre bienveillance, le courage par le spectacle de son dévouement, la gaîté par sa bonne humeur communicative, la délicatesse par les scrupules de sa parole et la dignité de sa tenue, la droiture par sa franchise et sa simplicité. A ces conditions, on pourra se féliciter que les élèves soient fiers de le prendre pour modèle ou pour patron. Car, à moins qu'il ne leur soit complètement indifférent, ils sentiront à sa manière, de même que leurs voix s'accorderont avec la sienne, chanteront faux s'il chante faux, juste s'il chante juste.

Nous touchons ici, du reste, au rôle de l'habitude et des habitudes. Ce rôle dans la culture de la sensibilité, dans la réforme même du tempérament, est considérable. Est-ce que tous les médecins ne répètent pas, et avec raison, que la santé dépend de la régularité des habitudes ? Ils ne veulent pas dire sans doute que toute habitude est bonne pourvu

qu'on la respecte et qu'on ne s'en écarte jamais. Avant tout,
il faut que les règles adoptées soient raisonnables ; mais il est
certain qu'on en double le prix par la fidélité avec laquelle
on les respecte. Cette fidélité est le principe de l'ordre, et du
dehors l'ordre pénètre dans l'intérieur de l'individu, chassant
devant lui le caprice et la mauvaise humeur, laissant peu de
place aux sentiments qui ne se rapportent pas aux devoirs de
la tâche quotidienne.

Les habitudes de l'enfant demandent donc à être surveillées,
et il n'est pas besoin de dire que toutes celles dont il se cache
sont suspectes par cela même. Indépendamment du danger
qu'elles peuvent faire courir directement à la santé, à la
moralité, au travail, elles sont déjà, par leur clandestinité, les
marques d'un caractère en-dessous, d'un esprit rêveur, d'une
sensibilité plus ou moins maladive[1]. Un enfant qui a l'habitude
de jouer seul ou de ne pas jouer du tout, un enfant qui, par
suite d'une timidité tout d'abord accidentelle, s'est accoutumé
à ne pas regarder en face, à ne pas oser rire franchement, à
ne pas oser répondre avec sincérité : voilà des enfants chez
qui la droiture et la bonté du cœur sont menacées. Si vous
voulez rompre leurs dispositions naissantes, rompez les habitudes qui les ont fait naître. Dans l'âme encore neuve et
désarmée de l'enfant il est souvent plus facile d'aller du
dehors au dedans et de modifier ses sentiments par ses habitudes, que d'aller du dedans au dehors et de modifier ses
manières d'être par les sentiments qu'on lui inspire.

Quand l'adolescence arrive, et qu'elle se développe, ce qui
précède n'est plus tout à fait aussi exact. Il importe alors
d'aller droit au cœur et de s'adresser à lui comme on s'a-
dresse à la raison.

L'union de la raison et du cœur, c'est là évidemment l'idéal.
Aimer ce qui est raisonnable et avoir du dégoût pour ce qui ne
l'est pas, tressaillir de joie à l'idée de ce qui est juste et distribuer toutes ses affections conformément aux règles étroites
de l'équité, haïr ce qui est contraire au droit : tout cela, encore

---

1. Parfois peut-être elles attesteront une volonté personnelle et
une originalité de bon aloi ; mais c'est l'exception.

une fois, c'est la perfection. Ceux-là s'en approchent qui règlent tout en eux par la réflexion et par l'idée. Mais l'idée pure a peu d'influence sur de jeunes âmes. Il est indispensable et il est salutaire de proposer à tous les cœurs un idéal très élevé, de purifier, autant qu'on le peut, les sentiments par l'amour de la patrie, par l'amour de Dieu, par l'amour de la justice, en démontrant clairement qu'il y a là autant d'objets réels et sacrés qui s'imposent à tous les respects. Mais, pour que de telles idées influent sur les sensibilités et, par suite, sur les caractères, il leur faut comme un véhicule. C'est l'imagination qui le fournit[1].

Nous ne revenons pas sur cette vérité, que l'imagination, après avoir reflété les premières sensations, les agrandit, les illumine, parfois aussi les assombrit, en tous cas les modifie considérablement, et qu'aux sensations provoquées incessamment par le contact des objets mêmes elle mélange des sensations illusoires, qu'elle impose par sa propre action et par sa propre autorité.

Faut-il se défier de l'influence de l'imagination sur la sensibilité et sur le caractère ? Faut-il, en conséquence, essayer de la faire taire ou de la comprimer ?

Comprimer l'imagination, ce n'est point là une tâche aisée ; ce serait de plus une tâche très ingrate : car tout ce qu'on peut faire, c'est de la négliger, c'est de ne point l'exercer, c'est de ne point l'orner. Quelles en seraient les conséquences, au point de vue particulier qui nous occupe en ce moment ?

Chacun des sentiments qui s'agitent dans notre cœur, chacun des appétits, quels qu'ils soient, qui remuent nos sens, provoque la représentation d'un objet qui promet de satisfaire ces appétits et ces désirs. Voilà la loi universelle. Or, supposons une imagination non cultivée : a-t-on la simplicité de croire qu'elle ne saura se représenter aucun de ces objets flatteurs qui lui donnent un avant-goût secret du plaisir cherché ? Elle ne saura point s'en donner une image élégante, raffinée ; elle s'en donnera une représentation grossière, qui ne développera que des émotions et des désirs de même ordre. On pourra

---

1. Voyez plus haut, pages 20, 88, puis 106 et suivantes.

ne pas s'en apercevoir : car une telle imagination reste con-
centrée sur elle-même; ne s'intéressant qu'à des jouissances
honteuses, elle n'aura rien de communicatif, rien de vivant,
elle se réservera pour un cercle restreint de compagnons du
même plaisir, ou même elle s'enfermera dans sa contemplation paresseuse et solitaire. Où sera le bénéfice? Les tableaux
que vous lui dérobez sont ceux qui, attirant l'esprit hors de
lui-même, l'intéressant au monde, à la société, à la nature,
aux arts, à la beauté, vous donneraient prise sur ses facultés
et vous permettraient, au milieu de dangers incontestables,
de l'entraîner du moins à l'action. Les tableaux que vous ne
pouvez pas lui ravir sont ceux que les plus stupides n'ont
qu'à évoquer pour les avoir tout de suite devant les yeux :
tableaux assombris, monotones, décourageants, quand l'homme
se tourmente lui-même en songeant à son labeur ou reste
comme hébété devant l'objet actuel de son chagrin ; tableaux
tous remplis d'excitations vulgaires, sinon dégradantes, quand
il rêve au plaisir qu'il attend de la satisfaction de ses instincts.
Bref, ne point cultiver l'imagination des jeunes gens, ce n'est
pas l'amortir ou la pacifier, c'est l'avilir.

C'est avilir en même temps la sensibilité, dont elle provoque,
suspend, trouble, modifie les émotions.

Il y a cependant lieu de préserver l'imagination de l'enfant
de certains périls. Il faut la préserver :

1° De ce qui est bas et grossier (ce qui précède l'aurait démontré, si la chose eût été nécessaire);

2° De ce qui est insignifiant et inutile, comme le sont ces
aventures imaginaires de romans fades et de récits puérils :
car la bêtise est quelquefois aussi dangereuse que l'immoralité;

3° De ce qui est prématuré.

Ces préceptes se comprennent d'eux-mêmes. Mais comment
l'imagination doit-elle être cultivée pour être élevée au ton
voulu ? Ce n'est pas, semble-t-il, à l'école primaire qu'on peut
lui donner cette culture esthétique qui vient de la pratique
de l'art[1]. Ne sont-ce pas cependant les chants les plus entraî-

1. Cette pratique, d'ailleurs, a besoin d'être parfaitement entendue. Si on la borne à une routine impuissante et fatigante, elle
alourdit l'imagination et la stérilise.

11.

nants et les poésies les plus émouvantes qui sont les plus aisés
à retenir ? Une certaine familiarité avec ces belles œuvres et
l'habitude d'en respecter le plus possible le sens communi-
queraient à l'imagination de l'enfant des allures mieux
rythmées. Or, qu'est-ce que le rythme ? Un mouvement qui se
régularise de lui-même, donc une énergie qui se mesure aux
exigences de l'idée, un entrainement qui *compte* les différentes phases de son effort pour en soutenir intelligemment le
caractère et l'expression. Avec des soldats qui ne marchent
point au pas, il n'y a plus d'ordre, il n'y a plus de tactique, il
n'y a plus cet esprit militaire également fait de bravoure et de
discipline. C'est pourquoi l'on a tant de souci de régler les
sonneries, les signaux et la musique des marches. Mais ce
n'est pas seulement dans la manœuvre qu'il faut « marcher
au pas » et battre la mesure ; c'est dans toutes les manifesta-
tions d'une activité collective ; c'est dans toutes les démonstrations politiques, nationales et religieuses. Entendez le
bruit d'une course incohérente accompagnée d'une tempête de
cris discordants : c'est une révolte qui passe, c'est une foule
anarchique qui se précipite à quelque destruction irréfléchie.
Entendez le mouvement cadencé d'une masse populaire qui
s'avance en mesure, et qui pousse à intervalles réguliers ses
cris de ralliement ou ses hourras concertés : c'est une force
sûre d'elle-même qui s'apprête à triompher légalement d'une
résistance injuste ou à fonder quelque œuvre solide. Quand on
traverse une ville d'Allemagne, on est à peu près certain de
rencontrer des enfants, garçons ou filles, se rendant par bandes
à l'école ou à la promenade ; ils chantent en parties, et ils
chantent généralement juste. Sont-ils raides et compassés ? Pas
autant qu'il vous plaît de le croire ! On est, au contraire, frappé
de leur air de gaieté saine et de leur bonne humeur. La méthode n'exclut pas du tout l'originalité personnelle et l'entrain.
Nous sommes encore, chez nous, beaucoup trop éloignés de
cette conviction et de ces habitudes. Là même où les anciennes
traditions avaient tout prévu avec une connaissance profonde
du cœur humain, je veux dire au temple ou à l'église, nous
en sommes tombés presque partout à un laisser-aller dé-
plorable. Nous oublions que l'harmonie des mouvements et

celle des voix règlent les imaginations et, par conséquent, les soutiennent, parce que toute force qui ne se mesure pas s'épuise en efforts pernicieux. Mais, à son tour, l'imagination ainsi conduite excite et tempère tout à la fois la sensibilité individuelle. Elle l'excite par le remuement général, autrement dit par l'émotion qu'elle nous impose; elle la tempère en lui communiquant son rythme et sa mesure. Les chants religieux d'une cérémonie funèbre font couler les larmes : ils ne laissent pas le cœur s'engourdir dans une indifférence qui serait honteuse; mais ils maintiennent la douleur dans une certaine dignité, qui l'ennoblit, qui donne enfin à celui qui souffre le plus cette consolation qui vient de regrets partagés.

Avec notre manie de tout railler, nous avons tourné plus d'une fois en ridicule ces deux vers d'un poète moderne louant les fêtes musicales :

> Les cœurs sont bien près de s'entendre
> Quand les voix ont fraternisé.

Rien de plus juste pourtant. Ajoutons, rien qui rentre mieux dans l'ordre d'idées appelé par ces mots : culture de la sensibilité humaine. Livrée à elle-même, la sensibilité représente un élément tout individuel, tout capricieux, désordonné, principe de séparation et de lutte ruineuse. Réglez-la par l'influence d'une imagination active, constructive et vivante, soumise elle-même à la discipline aimée d'un art simple et intelligible : vous en faites une force qui rapproche les âmes et les fond les unes dans les autres; vous en faites un principe fécond de concorde et d'harmonie!

Éducation de la volonté.

La volonté est la faculté de se décider, en sachant ce que l'on va faire et pourquoi on va le faire. La constitution de la volonté est donc précédée d'une phase dans laquelle l'être humain agit sans savoir précisément ce qu'il fait et sans vouloir.

Il agit instinctivement ou machinalement, ses organes entrant en action d'eux-mêmes, conformément aux exigences de la vie.

Il agit par esprit d'imitation, répétant les sons, les mouvements, les actes dont il a été témoin.

Il agit poussé par son imagination, exécutant, sans presque y penser, les actes dont il a conservé le souvenir, et qu'il se représente.

Il agit sous le coup d'une émotion subite et violente, qui le porte à rechercher une satisfaction, à fuir une douleur.

Il agit sous l'empire de certaines habitudes irréfléchies, qu'il a contractées au hasard et sans s'en douter.

Tous ces modes d'action se continuent dans la vie : car, dans une action voulue de la façon la plus délibérée et la plus libre, tous les détails ne sont pas également réfléchis. Je veux écrire une lettre à un ami pour lui faire un compliment ou un reproche : je prends la plume, et ma main court; mais elle trace les caractères bien ou mal, suivant les habitudes que j'ai prises, et sur lesquelles je ne puis plus grand'chose, suivant l'émotion que j'éprouve, et à laquelle je cède sans en avoir, à tout instant, une conscience bien claire. Le dessein principal s'exécute comme je l'ai voulu, et je le rectifie selon mon idée personnelle; mais le mode très complexe de cette exécution même enveloppe une grande quantité de mouvements accomplis machinalement, par émotion, par imagination, par habitude.

Si l'émotion n'est pas trop forte, si l'habitude n'est pas trop invétérée et trop aveugle...., la volonté a moins de peine à coordonner tous ces mouvements et à les maintenir dans une direction choisie. C'est donc déjà travailler à l'éducation de la volonté que de tempérer les émotions, que de surveiller les habitudes, que de rappeler toute passion naissante à la conscience d'elle-même. Mais ce sera, surtout, assurer le succès de cette éducation que d'empêcher ces tendances primitives d'agir spontanément, isolément les unes des autres, et que de donner à l'âme le besoin de l'unité.

Ces différentes expressions demandent à être expliquées.

Tout penchant non surveillé réclame une satisfaction immédiate. Chez un homme qui vit au jour le jour, et qui ne cherche pas au delà de l'heure présente, il suffit donc d'une occasion quelconque pour provoquer une tentation, puis un désir, puis un entraînement. C'est ainsi que tant de personnes, et tant d'enfants surtout, font « ce qui leur passe par la tête », et ce que le premier venu leur suggère. Parlez successivement à la gourmandise, à la vanité, à la jalousie, ou à la reconnaissance, à la pitié, à la générosité d'un enfant encore jeune : vous lui ferez faire successivement les choses les plus contradictoires. Il en fera souvent de telles sans y être excité par personne, mais en cédant à ces penchants, au moment même où l'un d'eux se fait sentir à lui. Tant qu'il en est là, il n'a point encore de volonté.

Il n'arrive à vouloir réellement que quand sa sensibilité et son imagination se mettent au service de l'idée qu'il juge digne de le « décider ». Il peut encore être sollicité en sens divers ; mais, au lieu de s'abandonner à chacune de ces sollicitations, il résiste à celles qui le mettraient en contradiction avec lui-même : il tient à se représenter avec plus de force et avec plus de complaisance tout ce qui est capable de l'encourager dans son dessein, tout ce qui lui en montre à l'avance les conséquences avantageuses, sûres, honorables. Ainsi, un homme qui veut être honnête, rougirait de s'arrêter, même en imagination, à la pensée des plaisirs qu'il retirerait d'un acte indélicat ou immoral. Ce à quoi il pense, c'est à l'estime des honnêtes gens, c'est à celle de sa propre conscience, c'est à la juste reconnaissance de ceux qu'il aura respectés ou ménagés. Un élève qui veut travailler ne s'arrête pas à penser, la tête en l'air, aux petites jouissances de l'école buissonnière et aux espiègleries dangereuses qui la signalent ; il songe à la récompense de son travail, au profit sérieux qu'il en retirera, à la facilité de plus en plus grande dont bénéficieront ses efforts futurs. Voilà comment l'unité s'établit dans les tendances, comment elle rapproche les facultés les unes des autres par la domination acceptée d'une idée qui devient une résolution ; voilà comment cette unité est le signe d'une volonté définitivement formée.

Un préjugé fort répandu veut qu'un élève qui a « sa volonté » soit un élève suspect, et qu'en conséquence l'éducation doive s'attacher à substituer à l'initiative de l'élève une direction toujours subie avec une docilité passive.

C'est là une idée très fausse et très dangereuse. Elle est aussi fausse que celle qui verrait uniquement dans la raison une barrière ou un mur rigide arrêtant tout élan. La raison est un point d'appui qui résiste, sans aucun doute (car, suivant un mot célèbre, on ne s'appuie que sur ce qui résiste), mais qui permet de s'élancer avec sécurité, avec énergie, et qui non seulement le permet, mais y invite. Eh bien ! de même, pour faire tout ce qui est juste, convenable, opportun, néces-saire, il faut le vouloir : raison et volonté vont ensemble ; la raison est une force novatrice, inventive, conquérante, et la volonté est l'habitude persévérante de subordonner à la raison ainsi comprise toutes les puissances actives de l'âme.

Mais, quand il s'agit de conduite et de volonté, le mot *raison* a un synonyme, qui est le mot *devoir*. Indépendamment même du souci de la moralité proprement dite, il n'y a point de volonté parfaite sans respect du devoir : car quiconque se met hors du devoir se met dans le désordre, et le désordre c'est l'anarchie des sentiments et des désirs, c'est la défaite et, pour ainsi dire, la déroute de la volonté.

Voyons donc comment peuvent se faire l'éducation de la conscience morale et l'éducation de la moralité : ce sera le complément indispensable et la confirmation de tout ce qui précède.

Qu'est-ce que la conscience ? C'est l'*attention* qu'on met à se rendre compte si l'on est ou non d'accord avec le devoir. Elle comprend donc deux choses. Elle comprend d'abord un jugement sur soi-même, sur les désirs dont on est tourmenté, sur les images dont on est obsédé, ou dans lesquelles on se complaît, sur les préférences secrètes ou avouées qu'on se sent et auxquelles on cède ou l'on résiste. Elle comprend ensuite une recherche de ce qu'il faut faire et de la loi dont les prescriptions doivent régler les manières d'être et les actes.

Si cela est, que faut-il faire pour former la conscience d'un enfant ?

1° Il faut lui apprendre à discerner ce qu'il est et à le com-parer à ce qu'il devrait être. Qu'a-t-il fait pour réussir, comme il l'aurait dû, dans sa page d'écriture, dans son calcul, dans son devoir d'histoire ? Il a tenté tout à l'heure tout ce qu'il pouvait pour « gagner » dans le jeu. A-t-il fait de même *consciencieusement* tout ce qu'il pouvait pour avoir un bon rang dans sa classe et contenter ses parents autant que son maître ? Ce n'est pas une autre méthode qu'il aura plus tard à pratiquer pour savoir s'il a fait en conscience tout ce qu'il était en état de faire en vue de payer ses dettes, de venir en aide à ses semblables, d'élever ses enfants, de servir son pays, etc.

2° Dans cette comparaison incessante de ces deux termes, il faut qu'il apprécie le premier avec sincérité, c'est-à-dire qu'il se juge lui-même avec clairvoyance, mais sans faux scrupules et sans s'arrêter trop longtemps à ce qu'il n'est plus en son pouvoir de supprimer ou d'effacer. Le vrai repentir, c'est la résolution de mieux faire à l'avenir ; ce n'est pas la contemplation prolongée, inutilement attristante, et, par suite, déprimante de ce qui est désormais le passé [1].

3° Mais, quant à l'autre terme, qui est le but idéal constitué par la connaissance de ce qu'on devrait être, il faut, au contraire, y revenir souvent : car il faut que cet idéal soit toujours le plus élevé possible [2]. Ajoutez en imagination une noirceur de plus à l'acte que vous avez commis : qu'y pouvez-vous ? Mais ajoutez une qualité de plus à la liste de celles que vous ambitionnez : vous pouvez toujours faire un effort pour vous en rapprocher davantage.

Voilà donc, comme nous l'avons dit, les deux termes que la conscience doit comparer l'un à l'autre. Mais il faut s'exercer aussi au passage efficace du premier au second : c'est là l'œuvre par excellence de la volonté et de la liberté morale.

1. Qu'on se rappelle ce que nous avons dit plus haut (p. 102), sur l'utilité de certains oublis. Qu'on fasse attention, d'ailleurs, que si l'on a commis une faute, c'est pour avoir cédé à l'attrait d'un plaisir malsain. Revenir intérieurement sur sa faute, c'est souvent s'exposer à revenir complaisamment sur le souvenir de cette tentation et sur celui de la jouissance défendue.

2. Voyez ce que nous avons dit plus haut de la « perfection », page 70.

Cette œuvre suppose d'abord la rectitude de l'intention ou la bonne volonté. N'entendons point par là qu'on peut corriger les actes les plus discutables ou les plus étranges en ayant l'air de se proposer autre chose que ce que l'on fait. — Ce que je fais n'est pas bien en général; mais je le fais pour éviter tel ou tel inconvénient. — Raisonnement dangereux. Éviterez-vous ce que vous dites? Cela est douteux. En attendant, le mal que vous faites (en mentant, en retenant ce qui ne vous appartient pas, en entreprenant sur la liberté de votre semblable...), ce mal-là est certain et il est acquis. La bonne volonté se reconnaît, non pas à un désir vague de faire le plus de bien possible, sans trop se donner de peine (ce sont là les « bonnes intentions » dont l'enfer, dit-on, est pavé) ; elle se reconnaît à l'effort réel que l'on fait pour passer de l'intention à l'acte.

La bonne volonté se reconnaît encore à ceci, qu'elle cherche à s'éclairer. Agir « à son idée », sans vouloir consulter personne, sans prêter attention aux réclamations d'autrui, c'est s'exposer à commettre des injustices envers ses semblables et des sottises à son propre détriment. Il arrive souvent que des personnes à l'esprit étroit et fermé répondent aux reproches qu'on leur adresse : « J'ai agi selon ma conscience, je n'ai rien à me reprocher. » On a toujours quelque chose à se reprocher quand on a eu l'orgueil ou la légèreté de ne vouloir s'en rapporter qu'à soi-même et à une « inspiration » qui n'est souvent qu'un secret calcul de l'égoïsme. Suffit-il d'enseigner à l'enfant ce que nous disons-là? Il faut surtout trouver le moyen de l'en persuader et de faire descendre ces principes dans ses dispositions, dans ses habitudes.

Un philosophe à qui la morale doit cependant beaucoup, Kant, a dit au sujet des enfants une parole dure et profondément injuste : « C'est peine perdue, a-t-il écrit, de parler de devoir aux enfants ; ils n'y voient, en dernière analyse, qu'une chose à faire sous peine du fouet. » S'il est des enfants qui n'y voient que cela, c'est la faute de ceux qui les élèvent, et qui abusent également de la peine et de la menace.

Tous, tant que nous sommes, grands et petits, nous sommes séparés de la pratique régulière et constante du devoir par des obstacles nombreux. Les obstacles rencontrés dans le premier âge sont aisés à définir : c'est cette espèce d'égoïsme qui vient naturellement de la faiblesse et de ce sentiment assez fondé, que l'enfant est destiné à recevoir plus qu'à donner; c'est une certaine jalousie qui vient de ce que l'enfant souhaite toujours plus qu'il ne peut obtenir et plus qu'il n'a la force de mériter ; c'est la paresse, ou tout au moins une tendance à la mobilité et au changement ; c'est, enfin, la difficulté où il est de prévoir et de se représenter toutes les conséquences de ses actes.

Peut-on diminuer le nombre et l'importance de ces obstacles ? Si on ne le pouvait pas, et si on ne l'essayait pas, l'éducation ne servirait pas à grand'chose, et l'école cesserait de mériter tout le bien qu'on en dit. La tâche est-elle donc si difficile ? Elle l'est sans doute ; mais il est bon de considérer ce qui peut l'alléger.

Tout le monde s'accorde à reconnaître que l'enfant a un sentiment très vif de la justice. Il tient surtout à ce qu'on l'observe à son égard (et que d'hommes sur ce point sont enfants !) Mais on serait bien maladroit si on ne profitait pas de ce besoin de justice et d'équité stricte pour lui enseigner la réciprocité ! « Ne fais pas à autrui ce que tu ne voudrais pas qu'on te fît » : voilà déjà la moitié du devoir. Bien loin que ce soit peine perdue d'essayer de l'apprendre aux enfants, on peut dire que jamais on n'est si persuadé et si pratiquement imbu de ce principe que dans les années passées sur les bancs de l'école.

Reste l'autre moitié du devoir, qui comprend les devoirs de bienveillance ou de charité. L'enfant est espiègle, et il est quelquefois « sans pitié », comme dit La Fontaine, à l'égard de ceux qu'il a craints, et dont il est porté à se venger. Ce sentiment risque fort d'empirer, si on ne le surveille pas; mais, encore une fois, si on ne le surveille pas, que fait-on ? L'enfant, d'ailleurs, est souvent bon, et on excite très facilement sa commisération en faveur de ceux qu'on lui démontre être plus abandonnés, plus maltraités, plus à plaindre enfin que lui-même. C'est là du sentiment, dira un disciple de Kant. Sans doute, mais pourquoi ne pas s'en servir, quitte à l'épurer peu à peu et à lui donner l'universalité nécessaire en lui apprenant à se soumettre à la domination de la raison ?

Cette soumission désintéressée ne vient pas vite : aussi doit-elle être préparée par l'habitude de l'obéissance.

Dans les premiers temps de l'éducation, l'obéissance est nécessaire à deux titres.

1° Sans elle il n'est point de direction, point d'instruction, point d'éducation possible. Si les parents et les maîtres ont des devoirs à remplir envers l'enfant, on ne saurait, sans contradiction et sans absurdité, autoriser l'enfant à rendre l'accomplissement de ce devoir impraticable.

2° L'obéissance est pour l'enfant une occasion — presque la seule pendant d'assez longues d'années — de renoncer à sa fantaisie, de vaincre sa paresse, de faire ce qu'il sent ou pressent être le meilleur pour lui. Faites que les ordres lui paraissent justes, salutaires, donnés dans son intérêt : l'obéissance pourra lui coûter encore ; mais son cœur et sa raison lui diront qu'il fait bien de la pratiquer.

Ce qu'il aura fait ainsi par obéissance, il le fera plus tard de lui-même, après en avoir compris la convenance ou senti la nécessité. On peut donc dire sans paradoxe qu'obéir à ses supérieurs peut être chez lui la première forme ou la préparation de la libre volonté.

Elle *peut* l'être, disons-nous. Elle ne le serait évidemment pas, si on le dressait à obéir machinalement, sans se rendre compte graduellement de ce qu'il y a de juste et de bienfaisant dans les ordres qu'on lui donne. Elle ne le serait pas non plus si les ordres lui étaient donnés mollement, avec des apparences d'incertitude, et si, ne tenant pas la main à l'exécution ponctuelle, on lui paraissait trop peu convaincu soit de l'étendue de sa propre autorité, soit de la bonté de la chose commandée. Quand on veut laisser une certaine part à la décision personnelle et au choix de l'élève, il faut le faire ouvertement, en marquant bien la limite. Dès lors l'obéissance stricte et la libre initiative ne se contrarieront nullement ; l'une aidera l'autre.

Si nous ne voulons pas qu'il y ait désaccord entre l'obéissance et la liberté, nous ne voulons pas qu'il y en ait davantage entre le respect et l'affection.

C'est avoir du respect une idée fausse que d'y voir seulement un état dépressif, une sorte de contrainte, arrêtant tout commerce et ne faisant sentir à qui l'éprouve que l'infériorité de sa condition ou de sa nature. Le véritable respect enveloppe un autre sentiment, plus digne de celui qui l'obtient et plus fécond pour celui qui s'y abandonne : c'est le sentiment d'une dignité ou d'une beauté que l'on craindrait de diminuer en la méconnaissant. Mais ne serait-ce pas la méconnaître que de s'en tenir éloigné ? Respecter son père et sa mère, est-ce donc vouloir vivre sans eux et sans désirer leurs caresses ? Respecter l'humanité et la dignité de ses semblables, est-ce vouloir vivre en sauvage ? Respecter les choses divines, est-ce vouloir s'en abstenir, et s'en détourner, comme si on n'avait avec elles aucun rapport ? Il faut l'apprendre à l'enfant de bonne heure : rien n'est aussi grand, rien n'est aussi divin que la bonté. Or ne serait-ce pas méconnaître la bonté, et, par conséquent, lui manquer de respect, que de s'en défier ou de la dédaigner, et que de prétendre se passer de ses bienfaits. Ce que le respect proscrit, ce sont les familiarités inutiles, à plus forte raison celles qui dégradent ; ce n'est point du tout cette familiarité simple qui abaisse les limites factices, et qui permet une communication plus large, plus continue, mieux acceptée, de l'instruction et de l'exemple.

Il est une chose qui doit, ce semble, faciliter cette union du respect et de l'affection : c'est la reconnaissance. La reconnaissance, voilà une vertu essentielle de l'enfant, de même que l'ingratitude est le vice par excellence que l'on doit flétrir et en quelque sorte poursuivre chez lui sans pitié. Dans un être qui est trop faible encore pour faire du bien, la reconnaissance est pendant quelque temps la seule forme possible de l'amour ; mais elle en est la forme nécessaire et exigible. Le chien est reconnaissant ; un animal féroce l'est quelquefois. Quoi de plus facile que de le rappeler, pour lui en faire honte, à un enfant ingrat ? Quoi de plus facile que de confirmer dans ses bonnes dispositions un enfant naturellement reconnaissant, et que d'ennoblir par là réflexion le penchant auquel il cède ? Qui ne voit, d'autre part, que la reconnaissance rapproche les cœurs par un certain élan d'amour, mais qu'elle donne aussi une pré-

cieuse garantie à la dignité de la personne aimée ? Mais faire
en sorte que l'obéissance prépare à l'usage de la liberté, et que
l'affection soit inséparable du respect, qu'est-ce autre chose
que de développer les forces actives de l'âme en les dirigeant?
Qu'est-ce autre chose que de substituer à la fausse éducation
par la contrainte, qui stérilise, l'éducation par l'élan, méthodique il est vrai, mais courageux, par l'élan, heureux de se
sentir lui-même et heureux de se communiquer ? Si l'instituteur a réussi dans une pareille œuvre, il a réussi dans la partie la plus noble de sa mission : car sans force et sans courage
il n'y a pas de vertu, et ce qui fait le caractère distinctif de
l'homme n'existe plus.

La discipline.

Dans quelles occasions, sous quelles formes le maître doit-il
essayer d'imprimer à ses élèves la direction morale que nous
venons d'esquisser ? A toute occasion, dans tous les moments,
sous toutes les formes que l'exécution de ses propres règlements fait prendre à son travail. Les récitations, les devoirs,
les récréations, les mouvements divers, les conversations hors
de classe, les comptes rendus donnés aux parents qui en demandent, les interventions rendues nécessaires par les conflits
trop marqués entre camarades, tout enfin peut heureusement
prêter non pas à un sermon ennuyeux, mais à une leçon indi-
recte, à la surveillance des habitudes et au redressement du
caractère.

Il est cependant un ensemble de mesures qui servent plus
particulièrement à s'assurer des dispositions morales des élèves
et à les corriger, s'il y a lieu : c'est la discipline.

La discipline est l'*ensemble des moyens propres à maintenir
l'ordre nécessaire à l'instruction et à l'éducation de tous les
élèves qui forment la classe.*

Cet « ordre », en quoi consiste-t-il ? A quoi le reconnaît-on ?

L'ordre, en général, veut que chaque chose soit à sa place,
et que tout soit fait en son temps. La discipline, qui vise à
l'ordre, exige donc que chaque élève se « tienne » comme il le
doit, avec une attitude qui exprime le respect et qui le con-

serve. Elle exige que les élèves ne se dérangent, ni ne se troublent, ni ne se distraient les uns les autres. Elle demande donc le silence là où il est nécessaire ; mais elle demande surtout que les exercices soient faits avec cet ensemble sans lequel il n'y aurait point d'unité ni par conséquent de force dans la direction donnée. La discipline n'a donc pas pour but unique de *dompter la férocité*, comme le dit si étrangement Kant. La discipline doit être un joug bienfaisant et laissant apprécier le mieux possible tout ce qu'il a de bienfaisant.

Supposons que chaque élève entre en classe et en sorte à sa fantaisie, que, dans l'étude de l'histoire de France, l'un en soit aux Carlovingiens, tandis que son voisin étudie le règne de Louis XI, et que ceux du banc qui précède récitent les campagnes de Napoléon. — Voilà bien du désordre. — L'empêcher est une partie et une grosse partie de la discipline. Est-ce simplement pour contraindre chaque élève à faire ce qu'on lui commande, qu'on veut que tous soient ainsi attentifs en même temps à chacune des leçons du maître ? C'est pour que l'explication, écoutée de tous, ait plus de largeur, plus d'entrain, plus d'intérêt. Jamais l'ordre n'est plus nécessaire que lorsque les éléments du tout sont multiples : plus il y a de soldats dans une armée, d'ouvriers dans une usine, d'associés dans une maison de commerce, d'orateurs et de votants dans une assemblée publique, d'élèves dans une école, plus il y a lieu d'y maintenir une discipline sévère. Encore une fois est-ce simplement pour empêcher les abus, la violence, les injustices ? C'est aussi pour obtenir un résultat positif, par l'aide réciproque que s'apportent les idées successivement émises, les réponses fournies, les observations faites, les exemples donnés, bref le concours harmonieux des efforts communs.

Pour que la discipline ainsi entendue produise ses bons effets, il y a une chose indispensable : c'est que celui qui l'impose soit le premier à s'y assujettir. Commander sèchement, puis punir rigoureusement celui qui a désobéi, c'est là une faible partie, et la moins précieuse de beaucoup, de ce que nous appelons la *discipline*. Si le maintien de l'ordre veut que chacun soit à sa place, il exige que le maître occupe constamment la sienne et qu'il remplisse tout son rôle. S'il veut que chaque chose soit faite en son temps, il exige que le maître fasse ponctuellement et consciencieusement tout ce qui lui incombe. Autrement, c'est lui qui donne l'exemple du désordre, c'est lui qui l'introduit effectivement et qui rompt ainsi toute discipline.

Vous voulez que vos élèves soient à l'heure et à la minute? Soyez-y vous-même. Vous voulez qu'ils apprennent régulièrement leurs leçons? Faites-les leur réciter régulièrement. Vous voulez qu'ils soient exacts à faire et à remettre tous leurs devoirs? Soyez vous-même exact à les dicter, à les demander, à les corriger et à les rendre. Vous voulez que les efforts de chacun profitent à tous? Mêlez-vous vous-même avec sympathie aux efforts de chacun, ajustez-les à ce que réclament l'état actuel de la classe et l'étendue de ses progrès. Faites sentir à chaque instant que vous et votre classe vous ne faites qu'un, comme le père de famille et ses enfants, comme le colonel et son régiment, comme le chef d'orchestre et ses musiciens, comme le capitaine et son navire.

L'instituteur doit d'autant plus tenir à cet ordre « moral », encore plus que matériel de la classe, qu'il est déchargé à l'égard de ses élèves d'un grand nombre de soucis. Il n'a généralement que des externes : il n'a donc point à remplacer la famille comme le doit faire le chef d'un internat. Il voit les enfants à l'entrée de la classe et à la sortie ; il les surveille dans leurs jeux : il n'a point la responsabilité de leurs vingt-quatre heures ; il n'a point à surveiller tous les détails et à régler tous les mouvements d'une vaste maison.

Les punitions.

Dans le cercle si vaste encore où il a la conduite de ses élèves, il faut qu'il se fasse respecter et obéir. Il le faut : 1° en vue des résultats qu'il doit obtenir dans son enseignement ; 2° parce que l'obéissance elle-même est chez les enfants le commencement de la vertu.

Si l'on obtient l'obéissance par le seul ascendant de son caractère et de sa parole, cela est parfait ; mais nul n'est tenu d'être parfait, ni maître, ni élève : il faut donc prévoir les écarts de caractère, les crises de paresse obstinée, les violences mêmes et les révoltes qui font scandale.

Faut-il donc que le maître punisse? La société punit les hommes faits de peines dont la gravité varie beaucoup. On ne sait pas au nom de quel principe et dans quel intérêt il faudrait s'abstenir de punir des enfants qui, comme dit La Bruyère, après avoir énuméré leurs défauts, sont déjà des hommes. Quel but poursuit-on dans la société en punissant les crimes ou les délits? Préserver les innocents des entreprises malfaisantes et du contact dangereux des coupables, donc mettre ces derniers hors d'état de nuire, au moins pendant quelque temps, et, s'il est possible, les amender. Ces principes ont-ils leur application dans la « criminalité » de l'école? Oui, à coup sûr. Il y est plus facile, on le reconnaîtra, d'amender les coupables, pour beaucoup de raisons qu'il est superflu de développer : le naturel y est moins formé ; ni les intérêts (bien ou mal entendus), ni les passions n'offrent autant de résistance ; et la peine, qui est infiniment moins infamante, ne risque pas de décourager. D'autre part, la répression du coupable y est en quelque sorte due aux innocents : car elle est nécessaire pour conserver à ces derniers les conditions de silence et de bon ordre indispensables au travail fructueux, puis pour les préserver du mauvais exemple et du scandale que leur donnerait la sécurité prolongée du vice ou l'impunité de l'indiscipline.

Ces principes posés, on est obligé de reconnaître que l'instituteur a peu de punitions efficaces à son service. Les règlements lui défendent, en France, de frapper les enfants. C'est avec raison qu'on le lui interdit. Quel que soit l'avis personnel de plus d'un (trouvant ridicule qu'on fasse un crime à un instituteur d'une taloche donnée à un élève turbulent ou malhonnête), on ne saurait assez recommander la prudence : l'abus est trop aisé, trop tentant, et le péril à courir trop redoutable.

L'instituteur n'a pas non plus à son service les retenues de promenade ou de sortie qu'on distribue dans nos vastes internats. Il peut priver de certains jeux quand il a des récréations à surveiller ; il peut imposer certaines corvées, il peut faire administrer par l'une des autorités à sa portée une remontrance qui fasse honte. C'est à lui de voir ce qui produit un effet dans le milieu où vivent ses élèves : car l'opinion, l'esprit régnant, l'imagination, les habitudes, font une grande partie de ce qu'il y a « d'afflictif » et de répressif dans les peines, aussi bien du reste pour les hommes faits que pour les enfants.

Pour les enfants comme pour les hommes faits, il y a une condition qui dispense d'affecter beaucoup de sévérité dans la peine : c'est la vigilance, donnant la certitude que la moindre infraction sera connue et réprimée (d'une manière ou de l'autre). On l'a souvent répété, et avec raison, pour la société en général : si les coupables ou ceux qui sont tentés de l'être étaient sûrs d'être découverts, il y aurait là de quoi en arrêter plus d'un, tandis que l'espérance trop fondée d'une impunité possible détruit en grande partie l'effet d'intimidation de la loi et de la peine dont la loi menace. Il n'en va pas autrement dans une école. Moins le maître ignorera d'infractions, moins il aura besoin d'en punir.

Les récompenses.

A tout le moins, dira-t-on, on peut punir d'une certaine manière en privant les uns d'une récompense accordée aux autres. Cela est vrai, et les récompenses doivent être choisies et distribuées de manière à atteindre ce double résultat : encourager les laborieux, faire honte aux paresseux.

Les récompenses toutefois peuvent être générales ou particulières.

Les récompenses générales, comme une lecture intéressante, une agréable promenade, un spectacle demi-instructif, demi-amusant, auront une influence assez heureuse : elles couperont la monotonie de la discipline quotidienne, elles exciteront légèrement les imaginations, elles tiendront les volontés en haleine, elles provoqueront une petite pression, fort légitime et finalement salutaire, de la majorité des élèves sur les minorités capables de compromettre par leur mauvaise tenue ou leur paresse la faveur attendue.

Pour les récompenses particulières, il est assez difficile d'en désigner qui aient toujours, par elles-mêmes, une vertu intrinsèque et infaillible. Ce que nous disions pour les punitions est encore plus vrai pour les récompenses : tout dépend de l'état d'esprit, conservé ou établi dans la classe, de l'heureuse naïveté dans laquelle les enfants se sont maintenus, du prix qu'ils attachent à l'estime de leur maître, de l'entente qu'ils savent exister entre celui-ci et leurs familles. Ici, comme en toutes choses, la lettre et la forme matérielle ne sont rien ; c'est l'esprit qui est tout. Dans certaines écoles, on verra un enfant tressaillir de joie pour un « jeton » de plus et pleurer pour un jeton de moins. Dans d'autres, on verra tout tourné en ridicule, les punitions devenues un titre d'honneur, et les récompenses un objet de dérision et de mépris. En tout cas, doit-on éviter que les unes et les autres deviennent également indifférentes, grâce à l'esprit général de la population dans laquelle on vit et de l'école que l'on dirige.

L'émulation.

Les récompenses, quand elles sont appréciées et désirées, excitent les efforts en entretenant ce qu'on appelle l'*émulation*.

L'émulation fait que les enfants vivant ensemble essayent de se surpasser les uns les autres en bonne conduite, en application et en succès.

« En bonne conduite et en travail » : tout le monde trouvera une telle émulation salutaire.

« En succès » : quelques esprits ont trouvé qu'ici l'émulation pouvait avoir des inconvénients, et qu'il ne fallait plus trop l'exciter.

Ces scrupules nous semblent excessifs. Quels succès, en définitive, les enfants peuvent-ils donc remporter sur les bancs de l'école ? S'il s'agissait de coquetterie, de vanité, de succès dus à la ruse ou à des moyens suspects, oui, alors l'émulation serait dangereuse. Mais quand il s'agit de succès dus à l'application, à la persévérance, à la volonté de bien faire, où est l'inconvénient ?

On dira que l'intelligence native et les moyens naturels sont presque toujours plus décisifs que ces qualités morales dont nous venons de parler. Admettons que cela soit vrai le plus souvent. C'est une raison pour préserver les plus intelligents d'un orgueil qui compromettrait pour eux-mêmes le bienfait de ce qu'ils ont reçu ; c'est une raison aussi pour aider et consoler les retardataires. Ce n'est pas une raison pour décourager la supériorité intellectuelle : car cette supériorité, en somme, est bienfaisante, surtout quand on prend soin de la préserver de certains écarts faciles à réprimer dans une classe. Lutter à qui sera le plus adroit, le plus instruit, le plus habile à exprimer sa pensée, le plus tenace à retenir les leçons apprises et le plus heureux à les appliquer, c'est là une rivalité qui profite à tous. Il est utile à une société d'avoir une élite ; il est utile à une classe d'avoir une « tête » qui la dirige et qui l'entraîne. La rivalité, la lutte, la concurrence, sont naturelles à notre espèce. Si les enfants ne rivalisaient plus pour les succès scolaires, ils rivaliseraient peut-être de ruse astucieuse, d'espièglerie, de libertinage et de méchanceté. Qu'un maître ne surexcite pas l'émulation au delà des forces de ses élèves, sans doute ; mais condamner l'émulation serait s'appliquer à faire régner l'indifférence, disposition aussi funeste à la véritable moralité qu'aux progrès de l'intelligence.

FIN.

TABLE DES MATIÈRES

---o---

Notions de Psychologie.

Application des Notions de Psychologie à l'Éducation.

Paris. Imprimerie DELALAIN FRÈRES, rue de la Sorbonne, 1 et 3.

www.ingramcontent.com/pod-product-compliance
Lightning Source LLC
Chambersburg PA
CBHW072233270326
41930CB00010B/2114